A Method

메소드

Method

완벽, 그 이상의 스캔들

방은진 쓰고 엮음

arte

차

례

프롤로그

그것은 완벽한 지구를 반 나눠 하늘과 땅으로 갈라놓은 형상이었습니다. 굽이굽이 바람의 방향을 따라 능선을 만들어놓은 땅과 시리도록 푸르른 하늘. 남고비 사막의 꽃이라 불리는 '홍고린엘스'를 원경에서 바라보았을 때의 감흥입니다.

한데 낙타 등에 올라 가까이 다가간 사막은 그냥 사막이 아닌 까마득한 모래 언덕. 폭 12킬로미터, 길이 100킬로미터, 높이 80~300미터, 바다 석회 지층이 융기된 후 침식된 그곳은 자연이 만들어놓은 거대한 조각. 장엄한 공간이었던 것으로 기억합니다.

그러나 아뿔사.

단단하리라 생각했던 모래 언덕은 한 발을 내딛기가 무

섭게 빠져듭니다. 두 발을 어서 내디뎌 그다음 발을, 그다음 발을 찍어보아도 매양 그 자리였습니다. 언덕 기울기의 각도가 커지자, 하늘이 한편으로 밀려가고 그저 모래사막만 두 눈에 한가득 들어왔습니다.

숨은 턱에 차고 들리는 소리는 오로지 심박 소리뿐. 사막은 그렇게 숨소리조차 삼켜버리는 곳. 가만히 서 있으면 그저 미끄러져 내려버리는 그곳에서 저는 문득, 누군가 앞서간 발자국을 만났습니다. 가만히 둘러보니, 발자국은 훨씬 많았습니다.

누군가,

이곳을 지나갔다는 것이겠지요.

앞서간 당신이 누구이든 나라고 못 갈쏘냐. 숨이 터질 것 같은 심장을 부여잡고 앞서간 발자국을 따르다보니 어느덧 숨 고르기도 가능해졌습니다. 부디 저 길보다 내 발자국이 더 선명하게 찍히길 바라며 더 굳건하게 내딛기도 했습니다. 그렇게 한 발 내딛고 서너 발자국 뒷걸음질 치며 천천히 올랐습니다. 사막 너머를 비추고 있는 태양을 만나기 위해서.

그로부터 1년 반 남짓 지난 2016년 겨울에 〈메소드〉는 시작되었습니다. ㈜옛나인필름의 주희 이사가 시작점에 함께 있었습니다.

이후 민예지 작가가 감독의 설경설경한 몇 마디를 끌어모아 번듯한 시놉시스를 내주었고, 그 시놉시스를 들고 영화 〈메소드〉의 안팎 살림을 맡아준 김성은 프로듀서와 만난 것이 1월 22일로 기억됩니다.

연출 제안을 받았던 연극 〈언체인〉 때문에 설정하게 된 두 남자와 한 여자의 이야기는 그렇게 시작해 마침내 시나리오 초고를 냈던 것이 4월 5일. 그 후 완고를 낼 때까지 한 달이 안 되는 시간 동안 작가는 밤잠을 설쳤고, 저는 골머리를 앓았습니다.

층위가 두꺼운 이야기인 데다가, 무엇보다도 예산에 걸맞은 시나리오가 아닌 상업 영화 시나리오를 냈기 때문입니다. 20억 원이 훌쩍 넘는 시나리오를 그 10분의 1로 줄이는 데 한 달여를 보냈습니다. 기라성 같은, 현장과 후반 스태프들을 10분의 1의 대가로 참여시키는 계획을 세우면서도, 돌이켜보면 한순간도 흔들리지 않았던 듯합니다. 감독으로 데뷔한 이후, 〈메소드〉까지 네 번째 장편을 만들면서 어이없이 무산되거나, 마지막 순간에 결렬된 작품을 꽤 겪어봐서일까요. 프로듀서와 저는 배우도 정해지지 않은 상황에서 촬영 스케줄표를 참 많이도 짜고 고쳤습니다. 생각해보면, 신랑이 없는데 결혼 날짜를 잡아놓고 반드시 이날 결혼할 거야 하고 떼를 쓰는 대책 없는 낭만파 신부였는지도 모르겠습니다. 그래서 프로듀서와 저는 촬영 마지막 날 그리도 눈물을 많이 흘렸던 모양입니다.

참으로 기적 같은 순간이 많았던 영화입니다.

한 사람, 한 사람 스태프들이 빈자리를 메우고 들어왔던 타이밍도 기적적이었으며, 배우 박성웅의 합류 시점, 이후 윤승아와 오승훈의 캐스팅은 단연코 신의 한 수였습니다. 하나하나 열거하자면 코리언 아라비안나이트 버전 정도는 족히 나올 것입니다.

치명적인 사랑 이야기에서 시작했던 것이 결국 배우의 이야기로 세상에 나온 영화 〈메소드〉는 많은 영화가 그렇듯 곡절이 많았습니다. 그러나 한 폭의 그림이 나오기 전 수많은 단상은 스케치일 뿐 작품이 아니듯, 부족하거나 아쉽더라도 영화 〈메소드〉는 〈메소드〉만의 길을 걸어 세상에 나왔다고 믿고 싶습니다.

감사할 사람이 참으로 많습니다. 읍소하며 두고두고 업고 다닐 사람투성이입니다. 제가 살아온 날 동안 뿌려뒀던 인맥과 온갖 사회적, 개인적 관계 또한 총동원했습니다. 감독으로서, 제작자로서 참 많이도 착취를 했던 작품입니다. 그러나 그보다는 기꺼이 영화라는 작업에 동참해준 각 분야의 스태프들이 있기에 가능했던 일입니다.

사막 언덕의 꼭대기에 오르고 보니 태양은 바로 머리 위. 사방으로는 몽골의 초원이 발아래 펼쳐져 있었습니다. 천하를 가진 칭기즈 칸의 후예라도 된 듯 늑대 울음소리를 내기도 했더랬습니다.

오아시스는 있어도 그만, 없어도 그만. 제가 찾은 건 오아시스보다 더 큰 바다였습니다. 그 바다를 만난 것으로 이상하리만치 갈증은 사라졌습니다.

올라오니 해는 뉘엿, 내려갈 시간이 다가왔습니다. 사막의 모래를 만져보니, 생각보다 많이 거칠었습니다. 뺨을 문대면 생채기 몇 개쯤은 쉽사리 생길 만큼 깔끄러웠습니다. 그러나 올랐기 때문에, 내려가야 합니다. 다시 오르기 위해서지요.

숨 한번 깊이 고르고 아예 미끄럼을 탔습니다. 옷 안으로 치밀고 들어온 모래들은, 글쎄요, 그리 따갑지만은 않았습니다.

촬영 내내 우리에겐 복사본 말고는 시나리오 북이 없었습니다. 시나리오 완고 내기가 무섭게 프리프로덕션에 들어

갔고, 콘티는 촬영 중에도 끊임없이 그려졌기 때문입니다. 클라이맥스인 연극 장면은 두 번의 수정을 거쳐, 마지막 공연 분량 촬영을 앞둔 시점에 전투하는 심정으로 썼지요. 광주의 한 숙소에서였습니다. 배우들을 끝까지 들들 볶았던 영화였는데, 우리 모두는 가장 행복했던 영화로 복창하고 있습니다. 이 기억이 언제까지나 바래지 않기를 혼자 바라도 봅니다.

이 한 편의 작은 영화가 세상에 나올 즈음 뒤늦게라도 시나리오 북과 콘티 북을 만들어 모든 스태프에게 선물할 계획이었습니다. 이제 그 계획을 철회합니다. 대신 아름다운 단행본 한 권으로 그 선물을 스태프들에게 건네게 되었습니다. 그럴 기회를 주신 북이십일 아르테와 장미희 팀장님, 그 밖의 출판사 관계자분들께 깊이 감사드립니다. 평론을 써주신 백은하, 이화정 님께도 깊은 감사를 전합니다.

또 하나의 기적 같은 일입니다.

시나리오

오로지 진실할 뿐이다. 거짓을 말할 때조차도.

−알 파치노

문구 자막 올랐다 사라지면,

서서히 들리는 라디오 소리.

DJ(off) 이어지는 문화계 소식입니다. 화려한 무대 매너와
작품성 높은 음악으로 대중의 가슴을 설레게 했던
아이돌 그룹 P2S 출신의 메인 래퍼 영우 씨 소식 전
해드릴게요. 그룹 활동뿐만 아니라 싱어송라이터로
다재다능한 면모를 보여주었던 뮤지션이었는데 안
타깝게도 오토바이 폭주 사고로 한동안 모습을 볼
수 없었죠. 바로 그 영우 씨가 연극 무대에 도전한다
는 소식입니다. …… (이어지는) 정통파 메소드 연기
의 이재하 씨와 영우 씨의 환상적인 무대가 어떻게
펼쳐질지 무척 기대가 됩니다. ……

1

연습실 앞 / 낮

대학로 거리.

언덕 너머, 자전거 나타나고 재하(남 38세)가

빠른 스피드로 내려온다.

작은 사거리 코너에 위치한 연습실 건물.

땀에 젖은 재하가 익숙하게 건물 안으로 들어선다.

엘리베이터에서 내리는 재하.

휘휘~ 휘파람 소리도 경쾌한 재하가

성큼성큼 문 앞에 다다르면.

2

연습실 / 낮

들어서는 재하. 스태프 일동 기립한다. "오셨습니까, 선배님!"

원호가 뛰어가 재하를 반갑게 끌어안는다.

원 호 왔어? 살 좀 빠졌나? 월터가 되고 있나?

재 하 시끄러워.

스태프들, 의자를 내주고, 커피를 내주며
재하를 살뜰하게 챙긴다.
"오셨어요~." "오랜만이야~."
재하, 힐끗 상대역 자리가 비어 있는 것을 보고는
별말 없이 자리를 정돈하며 앉는다.
테이블 위에는 정연하게 연극 대본 〈언체인〉이 놓여 있다.

(사이)

진중한 표정으로 연습 노트를 꺼내놓고 기다리는 재하.
시간은 째깍째깍 흐르고.

원 호   아… 하하, 애가 좀 그, 차가 막히나봐?

이때 벌컥 누가 들어선다.
보면, 영우의 매니저(남 30대 초반)다.

매니저   (당황) 여기 없나요?
원 호   …에?
매니저   아, 아닙니다, 저기, 영우… 화장실 갔나보네요.

저희 아까 아까 도착했는데요. 그게….

식은땀 흘리며 뒷걸음질로 엉거주춤 나가는 매니저.
다들 뭐지, 싸하게 본다.

\# 3
옥상 / 낮

창백한 영우의 눈빛.
영우의 시선으로, 와글와글한 팬들과
자신을 찾아 뛰어다니는 매니저.
영우, 반짝반짝 계속 울리는 핸드폰을 무시한다.

\# 4
연습실 / 낮

삐익~ 문이 열리고 모두 주목하면,
끌려 들어온 듯 흐물흐물한 영우. 하얗고 말간 얼굴.
조연출이 안내한 자리로 가는 영우에게
툭 던지는 재하.

재 하　시간 좀 지키자? 선배한테는 인사도 좀 하고.

매니저, 곧바로.

매니저　아, 예! (자기가) 영웁니다. 잘 부탁드립니다!

어이없어하는 재하.
그러나 눈만은 예리하게 영우를 지켜보고 있다.

원 호　(오버하며) 자, 이쪽은 싱어.
　　　　월터를 너무나 사랑해서, 원수인 마크마저 월터라고
　　　　착각하는, 눈이 먼 남자. (박수) 이쪽은 살아남기 위해
　　　　싱어의 사랑을 받아들이지만 결국,
　　　　싱어를 죽여야만 하는 마크.

무심한 표정으로 재하와는 눈 한번 마주치지 않는 영우.
흠흠, 헛기침을 하며 대본을 여는 원호.
연출 본연의 모습이다.

원 호　일단 수정된 사항들 좀 짚고 갈게요. 1막 8페이지.

부산하게 넘어가는 대본 소리들.

원호(off)　결박이 풀린 월터는, 싱어가 갑자기 무섭다고
　　　　　하면서 자신의 관심을 다른 곳으로
　　　　　유도하는 걸 보고, 아, 싱어가 나를 마크가 아닌
　　　　　월터로 착각하고 있구나 딱!
　　　　　캐치를 하는 거죠. 한데 터닝이 좀 약해.
　　　　　관객이 놓칠 수 있다 이 말예요.
　　　　　그래서, 여기가 어디냐! 언제부터 있었냐?
　　　　　한 번씩 대사를 더 쳐준다. ……

원호, 열심히 얘기하고 재하도 스태프들도 열심히 적는데
영우만 멍~하다. 재하, 날카롭게 그런 영우를 보자
조연출이 눈치를 살핀다.

조연출　저기….

영　우　?

조연출　(심쿵) 적으셔야 되는데.

영　우　(표정 없이 바라만 본다)

조연출　제가 체크해드릴까요?

　　　　　　　　　　　　　　　　　　　　메소드

재하, 조연출에게 쓰읍~ 눈을 부라리고.

매니저, 영우를 툭 치며 자신이 적는다.

#5
희원의 작업실 / 늦은 오후

푸른색 그림 앞에 선 희원(여 32세).

그림을 바라보는 아쉬운 얼굴.

펑! 터지는 샴페인.

친구들, 잔을 돌리며 축하한다.

친구1   부럽다, 희원아. 나도 팔릴 그림 좀 그려야 되는데.

              (짠! 하다가) 너, 다시 만난다고?

희 원   …뭐얼~.

친구1   (퉁) 이별 여행 어쩌고 할 때부터 알아봤다 내가.

재 하   (하는데 들어서는) 늦었습니다!

좋은 목소리. 이목을 집중시키는 얼굴.

재하가 들어오자 공기가 확 달라진다.

오랜 인연. 서로 반기고. 재하, 손에 든 대본을 슬쩍 들어 보인다.

희 원   (밝게) 연습 잘 했어?

재 하   어.

재하, 희원의 샴페인을 홀짝 마시자 후배가 잔을 가져다준다.

후 배 1 (잔 부딪치며) 공연 들어가세요? 기대된다.

희 원   상대역이 영우래.

친 구 1 뭐 영우?

후 배 1 어때요? 잘생겼죠? 얼굴 진짜 작던데!

재하, 표정에 살짝 짜증이 일지만

다정하게 희원을 한 팔로 안으며 그림 앞에 선다.

재 하   이거야, 팔린 게? 우리 희원이 작별 인사

         오래 걸리는데….

CUT TO

모두 돌아가고 깊은 밤.

샴페인에 취기 오른 희원이 그림을 손으로 한번 쓸어본다.

재하, 흰색 포장 끈을 들고 있다. 오래 기다린 기색이 역력하다.

음악을 클래식으로 바꾸는 재하.

잠시 희원은 음악에 심취한다.

재 하   고만하고 가자, 이제.

희 원   (끄덕, 하다가 가로젓는다) 작가는 누군가

내 그림을 소장해주면 좋은 거고

그게 운명인 줄은 아는데….

재 하   자, 자, 자 자! (희원의 그림을 포장하며) 이별은

쿨하게!

희원, 재하를 힐끗 째리고는 고개를 푹 숙인다.

그림 포장을 마무리한 재하, 정중하게 춤을 요청한다.

재 하   아가씨는 슬퍼할 때가 훨씬 아름답군요.

희 원   이제 또다시 전쟁터로 나가셔야 하는 건가요.

희원, 재하의 손을 잡는다. 가벼운 왈츠를 추는 두 사람.

재 하   언제지?

희 원   2009년 안나 카레니나.

재 하   (흐뭇) 아직도 잘하네.

희 원   왈츠뿐일까 내가. 자!

         (하면서 펜싱 폼으로 팔을 한번 휘두르면)

재 하   (보다가) 배우 해라, 한희원.

희 원   됐거든요. 내 인생에 배우는 한 명이면 족해.

         근데 영우라는 애, 어땠는데?

재 하   뭐가 어때. 내가 돈 거지.

         아이돌하고 둘이서 뭔 연극을!

희 원   (미소) 잘할 거야, 울 애인.

그런 희원이 사랑스러운 재하.
희원을 안고 목덜미에 얼굴을 묻는다.

재 하   나만 잘하면 돼, 그지?

재하의 말이 연극에 대한 다짐을 넘어
서로에 대한 다짐으로도 들리는.
희원, 그런 재하를 물끄러미 바라보며 말한다.

희 원   서로 잘해야지. 도대체, 우린… 참.

그래 뭐, 운명이야.

희원의 말에 끄덕이고는 더욱 깊이 끌어안는 재하.
부드러운 키스로 이어진다.

#6
연습실 / 낮

톡톡. 한참이 지났는데도 나타나고 있지 않는 영우.
초조한 원호, 도저히 안 되겠다.

원 호   (훅 일어나) 뭐, 우리끼리 리딩이나 한번 해볼까?
재 하   (바로) 리딩? 나 혼자?

원호, 깨갱 자리에 앉는다.
드디어 문이 끽~ 열리며 영혼 없이 들어서는 영우.

(사이)

재 하   *싱어, 난 네가 사랑하는 사람이지?*

영 우   *아직도 의심하는 거야?*

재 하   *그런 거 아니야.*

영 우   *당연히 사랑하지. 나한테는 형뿐이야.*
         세상에서 유일한 사람이야.

국어 책 읽는 영우. 맥없고 성의 없는 목소리.
재하, 꾹꾹 참으며 리딩 중이다.
아이패드를 자꾸 제일 좋은 자리에 올려놓고
녹화하는 영우의 매니저.
매니저, 동영상을 인스타그램에 올리는 틱틱틱틱 타자 소리.
모든 게 거슬리는 재하.

#7
연습실 밖 / 낮

연습실 밖에 나오자 기다리던 소녀 팬들이
까아~ 환호성을 내지른다.
영우를 과잉보호하며 밴에 태우는 매니저.
거의 잡혀 들어가는 수준이다.
시커먼 밴이 출발하자, '사생팬'들 몇몇이 영우의 뒤를 쫓고.

골머리가 아프다는 듯 보는 재하.

원호, 담배만 빡빡 피우고 있다.

재 하　딴 배우 붙여, 형.

원 호　야아~ 너 아니면 누가 월터를 해~

　　　　이 어려운 캐릭터를.

　　　　못 해. 아아무도 못 해. 네 생각하며 쓴 거야 이거.

재 하　나 말고. 재.

원호, 완전 기함. 절대 안 된다는 듯,

부탁부탁~ 손을 모은다.

원 호　야아~! 나 이번에 이해랑 연극상도 타고

　　　　흥행도 하고 쫌, 쪼옴~!

재 하　그럼 제대로 배우를 붙여주든가.

휘익 사라지는 재하.

원 호　(뒤에 대고) 야, 야, 재하야! 이재하!

고요한 클래식 음악을 뚫고 들리는 기계음.
작업실 흔들의자에 앉아 재하. 띠딕띠딕
핸드폰을 검색하고 있다.
오토바이 폭주. 숙소 이탈. 방송 펑크.
막가는 아이돌이라는 타이틀의 영우.
영우의 아이돌 동영상 플레이.
그러나 자꾸 동영상은 버벅거리고.

재　하　　아이씨, 아~! (핸드폰을 던져버린다)

작업하며 힐끔힐끔 보던 희원, 혼자 웃는데.

재　하　　말해.

희　원　　뭘?

재　하　　즐기고 있지, 지금?

희　원　　(풋, 약 올리며) 아닌데.

　　　　　오빠가 즐기고 있는 거 같은데.

　　　　　　　　　　　　　　　　　　　　메소드

이때 울리는 희원의 핸드폰. 연출 원호다.

희 원   아, 박 연출님! (재하에게 들으라는 듯) 내일?

        우리 집에서?

무슨 소리? 도끼눈을 뜨며 희원을 보는 재하.

#9
연습실 / 낮

아이스커피의 얼음을 소리 나게 씹고 있는 재하.
보면 아직도 대사를 전혀 소화 못 하는 영우.
대본에 코를 박고 읽고 있다.

영 우   (국어 책) 클레어가 가졌을 배신감은

        형도 이해한다며. 항상 클레어에게 죄책감이

        들어서 견딜 수 없었잖아.

        나 때문에 모든 게 망쳐졌 망츠여졌,

        (대사를 자꾸 씹다 혼자 풋 웃어버린다) 망, 쳐졌다고.

        생각, 하는 거야…?

재하, 드륵 일어나 영우에게 뚜벅뚜벅 간다.
영우, 부스스 보는데, 재하가 영우의 눈을 손으로 가린다.

재 하   *싱어, 난 네가 사랑하는 사람이지?*

월터가 싱어의 안대를 풀어주는 장면이다.
잠시 후 재하, 꾹 누르고 있던 손을 떼자
영우와 눈이 마주친다.
난데없이 자신의 눈을 가렸던 재하의 손을 바라보는 영우.
그때 훅 순식간에 영우를 제압한 재하가
영우를 연습실 비어 있는 공간으로 밀듯이 인도한다.

재 하   *네가 진짜 사랑하는 사람, 나 맞지?*
         (눈 마주치고) 이것부터 풀어줄게.
         왜 내 손가락이 너한테 있는 거야?

마치 손가락이 진짜 자신에게 있는 듯
손을 뒤로 숨기는 영우.
영우의 표정에 엄청난 호기심이 인다.
재하, 슬쩍 원호를 본다. 기대감 어린 원호의 표정.

메소드

영 우　*난 정말 몰랐어… 형, 보고 싶었어. 키스해줘.*
　　　　빨리 안아줘.

그런데 재하, 갑자기 다음 대사를 뚝 멈추고
영우를 빤히 보기만 한다.
침을 꿀꺽 삼키는 영우.
재하의 강렬한 눈빛. 모두를 압도한다.

재 하　지금 모두 침묵을 듣고 있지?
　　　　연극에서의 침묵은 잠깐은 관심을 끌 수 있어도
　　　　절대 오래 못 가. 긴장이 금방 사라져버리니까.
　　　　그래서 매 순간 섬광 같은 스파크가 필요한 거야.
　　　　우리가 진정으로 채워야 할 것들!
　　　　(다시 극 중의 월터가 되어)
　　　　싱어, 정말 모르는 거야?
　　　　내가 널 얼마나 사랑하는지 정말 모르겠어?
　　　　널 처음 만났을 때부터 넌 내가 모든 걸 포기하고
　　　　네게 가도록 만들었어!

그야말로 침묵을 깨는 재하의 쩌렁한 목소리.

감전되듯 영우, 대사 한다. 아니 말, 한다.

영우(싱어)   *(진심으로) 미안해, 어린애처럼 굴어서….*
재하(월터)   *(한참을 바라보다) 괜찮아.*
                이 상황이 우릴 몰고 갔을 뿐이야.

강렬한 스파크. 팽팽히 마주 보는 두 사람.
재하, 영우를 뚫어질듯 보다 뚜벅뚜벅 나간다.
원호가 재빠르게 따라 나가고.
그런 재하의 뒷모습을 끝까지 바라보는 영우.

10
재하와 희원의 집 / 밤

재하, 황급히 들어서며 문 옆의 브론즈 두상을 쓱 만진다.
머리가 맨들맨들 닳아 있다.
연달아 들어서는 원호.

원 호   들어와, 들어와!

이어, 영우가 주춤 얼굴을 들이민다.

따뜻한 노란 조명.

영우의 눈에도 보이는 조금 그로테스크한 소녀의 두상.

영우, 미적 그대로 서 있는데.

희원(off)   영우 씨! 들어오세요.

영우, 희원을 처음 만난다.

11

재하와 희원의 집, 서재 / 밤

희원을 따라 2층 서재에 영우가 한 발 오르면,

재하가 책 몇 권을 고르고 있다.

뒤로는 재하가 공연했던 포스터들이 인상적으로 보인다.

재 하   무대 위에서는 약속을 해야 돼. 약속이 왜 중요하냐.

         자유롭기 위해서지.

영 우   (감이 안 온다. 그러나) 네.

재 하   네? (인상 쓰며 바라본다)

희　원　(얼른 무마) 영우 씨가 네, 래. 밥부터 먹자. 어?

희원에겐 언제나 승복하는 재하, 책들을 원호에게 건넨다.

재　하　(구시렁) 아, 씨. 형. 왜 나보러…!

원호, 씨익~. 그 책을 영우에게 건넨다.

원　호　(흐뭇) 자, 자, 우리 모두 자유롭게
　　　　　밥 먹으러 갑시다~!

#12
재하와 희원의 집, 식당 / 밤

냉이 된장찌개. 야채 샐러드. 빛 고운 잡곡밥.
엄청나게 잘 먹는 영우.
그런 모습을 바라보는 재하와 희원.
영우의 전화가 드륵드륵 울린다.
영우, 힐끔 보고 끈다. 또 울린다.

희 원   기다리나보다, 매니저가.

영우, 순간 표정에 짜증이 밴다.
탁, 전화를 받자 바로 연결되는 영상 통화.

실 장   야 인마, 너 어디야!
         연습 끝나면 재깍재깍 숙소 들어오기로 했…

원호가 쓱 얼굴을 들이민다.

원 호   (V~) 안녕하세요, 임 실장님~.
실 장   아이고, 연출 선생님!

하는데 원호가 영우의 핸드폰을 틀어
맞은편에 앉아 있는 재하를 비춘다.

실 장   아, 이재하 선배님! 안녕하세요!
         아아, 영우랑 같이 식사하시나보죠? 아하하하…!
         제가 선배님 상대역이라 이건 무조건 해야 된다고
         우겼습니다!

재 하   아 예….

엄청난 사탕발림과 굽신거림.

영우, 뚝 끊는다.

따각. 먹다 만 수저를 내려놓고 물만 마시는 영우.

희 원   …근데, 연극은 재밌어요?

영 우   (무심) 연극이, 재밌을까요?

재하, 빠직 영우를 본다.

희원이 슬며시 재하의 손을 잡는다.

물끄러미 그 둘을 보는 영우.

영 우   재미있을까봐요.

재 하   (희한한 어법이다) …응?

영 우   재미있어지면 되죠?

피식 웃는 재하. 영우도 미소.

희원, 그런 영우를 본다.

13
도로, 영우의 밴 / 밤

달리고 있는 밴 안에 구겨져 있는 영우.
집처럼 모든 게 갖춰져 있다.
게임기, 만화책, 좌르륵 걸린 옷들과 이부자리까지.
재하가 건넨 책 《열린 문》을 펼친다.

14
연습실 / 낮

홀로 중앙에 선 영우, 표정도 눈빛도 완전히 집중해 있다.

영 우   그때가 그리운 거지? 형한테 가족이 있었던 게?
        그래서 내가 죽었다고 의심하고 있는 거지??

영우 이내 풀어지며, 머쓱하게 대본을 닫는다.

영 우   …싱어는 월터가 클레어만 걱정하는 게
        너무 화가 날 것 같아요.

그래서 싱어가 이렇게 묻고, 월터는 인정하고…
음 그럼… 싱어도 미련 없이 자기 인생 끝낼 수
있을 것 같아서….
그래서 이런 대사를 넣어보면 어떨까….

영우, 재하를 보고 서 있다.
오~ 모두 의외라는 표정.

원 호   좋은데? 아주 좋은데 영우 씨. (지시한다) 조연출,
영우 씨가 제안한 대로 이 부분 대사 수정.
자, 그럼 오늘은 여기까지!

"수고하셨습니다!" 박수 쳐주는 스태프들.
재하, 영우와 눈이 마주치자 까딱 손짓을 한다.
다가오는 영우. 재하가 묵묵히 대본을 달라고 하자,
뻘쭘해하며 내놓는다.

재하의 시선으로 보는 영우의 대본.
이런저런 연구 노트들로 가득 차 있다.
핏. 혼자 웃고는 돌려주는 재하.

거리 / 밤

졸졸 따르고 있는 영우의 밴.

보면, 영우는 착한 아이처럼 재하 뒤를 쫓아가고 있다.

원 호   우리의 싱어~ 그분이 오셨어! 그지, 그지?

원호, 호들갑을 떨며 영우 옆에 붙고,

영우는 따라오는 매니저를 힐끗 본다.

재 하   아직 월터에 대한 애정이 없네.

           내일은 좀 더 좋아해주려나?

영 우   (그 말에 대답한다) 네.

재 하   (뜨악) 또 뭔, 네?

영 우   좋아할 거라고요. 내일은. 월터를.

재 하   (풋) 미친다.

재하가 늘 들고 다니는 연습 노트를 가리키는 영우.

영　우　그건 뭐예요? 맨날?

재　하　이거? (아직 아무것도 적지 못했지만~) 왜, 궁금해?

영　우　(빤히디) 아니요. 별로.

재하, 그런 영우를 빤히 보다가 앞서간다.

원　호　(다가와) 재하, 메소드 연기 역할 분석 노트인데,

　　　　저거, 저거. 온갖 비밀이 다 있을 거야.

　　　　작품 할 때마다 두어 권은 쓸걸? 보여달라 그래!

재　하　(그 말을 다 들었다) 내가 왜?

하며 먼저 저 멀리 페달을 밟아 가는 재하.

영우, 호기심 바짝.

그런데 재하, 돌연 둥글게 원을 그으며 다시 돌아온다.

영우 앞에 끽 서는 재하.

재　하　(영우 손목을 잡으며) 좀 두꺼운 게 어울리겠다.

　　　　그지?

영　우　뭐가요…?

원　호　(파악) 벌써 가보게?

　　　　　　　　　　　　　　　　　　　메소드

재　하　애, 연기 초짜니까 실감 나는 게 있음 좋잖아.

　　　　내일 갔다 올게.

하고 또 멀어지는 재하.

우두커니 서 있는 영우의 핸드폰을 받아 후다닥

연락처를 공유하는 원호.

원　호　재하는 자기가 소품 찾으러 다녀.

　　　　딱 그 캐릭터 같은 걸 귀신같이 찾아 오거든.

　　　　연출자로서 나는 그 과정을 발견이라 부른다.

　　　　영우 씨, 〈고도를 기다리며〉 본 적 있다 그랬지?

　　　　없나? (없다)

　　　　여튼! 그 쭈그러지고 챙 작은 동그란 모자,

　　　　그것도 재하가 찾아낸 거야.

떠드는 원호를 뒤로하고 재하를 향해 소리치는 영우.

영　우　저도 갈래요!

재　하　뭐?

영　우　(무작정) 거기요! 발견… 거기.

만물시장 / 아침

사람들이 왁자한 동묘 재래시장.

훤칠한 체격의 두 남자가 사람들 사이를 뚫고 나오고 있다.

사람들이 힐끔힐끔 쳐다보고

누군가는 영우를 알아보고 사진을 찍고.

따르는 매니저가 제지해보지만 역부족이다.

괜히 재하가 더 과하게 영우를 보호하는데,

재 하   (영우에게) 어이, 앞 좀 보고 걸으세요.

영 우   (모자로 눈을 가리며) 싱어는 눈이 가려져 있잖아요.

            그러고도 보잖아요.

하며 모자를 내리는데 영우의 눈에 들어오는

오래된 골동 물건들.

영 우   우와, 이것 봐요! 오오, 아직도 이런 게 있어.

재 하   싱어는 이런 거 가지고 있을 것 같지 않냐.

하며 재하, 영우에게 목각 손을 하나 건넨다.

손가락 관절이 따로 움직이는 인형이다. 득템.

물건들을 헤집고 뒤지는 영우와 재하.

재하, 드디어 체인 같은 것 하나를 발견해

영우의 손목에 묶어본다.

재하, 더 두툼한 밧줄을 찾아낸다.

영우의 가는 손목이 재하의 손에 한 줌이다.

영우도 재하의 손목에 사슬을 얹는다.

이때 재하의 손목에 다른 사슬이 척~ 얹힌다.

희 원   이건 어때?

씩 웃는 희원. 오~ 하며 보는 재하.

영우와 눈이 마주치자 반갑게 웃어주는데

영우는 희원이 재하의 손목에 건 사슬을 유심히… 본다.

자신의 사슬 위에 얹힌 희원의 사슬.

영우, 그 손을 빼려 하나, 어정쩡하게 서로 얽혀

각자 바라보는 재하, 영우, 희원.

그때, 누군가 영우를 알아보고 달려든다.

"아악~ 영우다!"

팬덤을 자랑하며 어느새 우르르 사진 찍는 젊은 아이들.
영우가 희원의 팔을 이끌어 같이 찍는다. 찰칵.

(사이)

영우, 핸드폰을 확인하니
SNS에 이미 올라온 현재 시각 사진.
매니저 손짓하고.
영우, 자신을 기다리고 있는 밴에 오른다.

17
시장 근처 거리 / 낮

희원과 재하가 다정히 손을 잡고 가고…
그런 두 사람을 스쳐 지나는 영우의 밴.
보면… 영우가 밴 안에서 재하의 《열린 문》을 보이며
뭐라 이야기하고 있다.
의식하지 못하고 지나는 재하와 희원.
실망한 꼬마 아이처럼 시무룩 몸을 숨기는 영우의 뒤로
희원과 재하가 지나고 있다.

재하와 희원의 집, 2층 테라스 / 낮

하얀 작업용 수조에 찬 물.
캔버스를 물들이는 희원이
골똘한 표정으로 물감을 풀고 있다.
그런 희원 옆에 물 양동이를 가져다주고 물도 채워주며
나름 보조 중인 재하.
집중하고 있는 희원에게 재하가 물을 툭 튀기자
째려보는 희원.
호스로 물장난을 시작하는 두 사람 너머로, 영우가 서 있다.

영 우　(《열린 문》, 책 들고) 다 읽었어요.

CUT TO

영우, 희원이 욕조 가득 만든 푸른 물을 가만 바라보고 있다.

희 원　좀 더 날카로운 블루가 되어야 하는데.

영우, 말없이 푸른 물에 손을 담가본다. 흐트러뜨려본다.

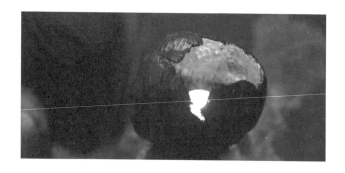

그러다 과감하게 붉은색을 풀어버리는 영우.

물속으로, 좀처럼 섞이지 않고 따로 풀어지는 블루와 레드.

당황스러운 표정의 희원이 영우를 유심히 바라본다.

19

재하와 희원의 집, 테라스 / 밤

희원의 브론즈 두상 안에서 흔들리고 있는 초.

마치 재하와 영우를 바라보고 있는 듯하다.

빛을 받아 어른거리는 영우의 얼굴.

영　우　(혼잣말) 하나의 아이디어에는 피와 살과

　　　　감정적 진실이 주어져야만 하는 것이고,

　　　　그것은 흉내의 차원을 넘어서야 한다.

　　　　그리하여 하나의 창조된 삶은 진짜와 전혀

　　　　구별되지 않는 똑같은 삶인 것이다.

　　　　이제 우리는 왜 일상적 삶의 그럴듯한 인상을

　　　　보여주는 진짜 배우에게 거금을 지불하는지

　　　　알 수가 있다.

재　하　뭐야? 피터 브룩? (《열린 문》의 저자를 일컬음)

영 우   그러니까 일상적 삶의 그럴듯한 인상을
        보여주란 거잖아요.

재 하   (허~) 너, 내가 준 책 밤새 다 외워버린 거야?
        너도 웬만큼 또라이다.

눈부시게 웃는 영우. 따라 웃는 재하.
그러다 눈길이 서로 만나고. 재하는 영우를 문득, 본다.

CUT TO

편하게 난간에 기대앉은 재하와 영우.
이미 술을 거나하게 마신 것 같다.
희원, 집에서 안주를 가지고 나오며 두 사람을 가만히… 본다.

CUT TO

희원, 두상 안의 닳은 초를 바꾸어 켠다.

희 원   내가 원래는 조각했었거든.
        첫 번째 단체전 때 그냥 전시만 한 건데.
        이 사람이, (재하를 가리키며) 무조건 이걸
        사겠다는 거야. 학생 때 만든 유일한 자화상인데…

내가 팔 리가 있겠어?

계속 버티는데 계속 팔라고 그러고.

그래서, 가져라. 준다. 대신, 나도 가져야 된다 그랬지.

영 우 (반짝) 유혹한 거예요?

희 원 (재하에게) 그런 건…가?

재 하 그런 거죠. 먼저 다가오셨죠.

희 원 아니. (가로저으며) 어느 틈에 이 사람이 이 안에
들어와 있더라고. 텅텅 비어 있었는데.
그러곤 이렇게 불을 밝혀줬어.

두상의 빛을 쬐며 새삼 재하에 대한 감정이 되살아나는 희원.
재하를 잔잔히 본다.
재하, 끄덕이며 촛불 일렁이는 두상 건너 희원의 손을 잡는다.
그런 두 사람의 손. 쏟아지는 별들.

20
재하와 희원의 집, 서재 / 새벽

문소리에 눈을 뜨는 영우. 재하의 옷을 입고 잠들었다.
부스스 나와보면, 창밖으로 조깅 나가는 재하가 보인다.

재하와 희원의 집, 식당 / 아침

둘만 있는 집이 낯선 희원, 부러 재하 이야기를 한다.

희 원   재하 씨는 분장한다고 해. 체중을 불리거나

줄이거나… 산속에 들어가 한 달쯤

살다 온 적도 있고, 교도소로 몇 달씩 면회도 가고.

그 철저한 메소드 연기 방식 때문에

우리 만난 8년 동안 난, 진짜 많은 사람들하고

연애한 거 같아.

한 사람 제대로 알기도 힘든데…

나도 매번 다른 여자가 되려고 애썼고.

(괜한 한숨) 이번에도 연출이랑 얘기해서,

이미 한 4킬로 이상 뺐을걸?

영우에게 그린 주스를 건넨다.

희 원   아이돌도 힘든 거 많겠죠?
영 우   (핏) 뭐 그냥. 지금은 대사 외우는 게 힘들어요.

머리가 나빠서.

희　원　대사는 외우는 게 아니라고 그러던데.

영　우　?

희　원　(빙긋) 오빠 말로는 듣는 거? 그 말엔 나도 동감.

　　　　나도 짬 나면 같이 연습해주고 그랬거든.

영　우　(불쑥) 나랑도… 해주세요.

희　원　뭘? (본다) 아…! 나 요즘 연기력 떨어졌는데?

　　　　(잠깐 곱씹듯) 상대 배우로는….

CUT TO

즉흥 연기 연습.

영우, 희원의 발목을 앞치마 끈으로 살짝 묶는다.

희원, 자신의 발목에 수그린 영우에

맨다리를 어색해하며 뒷걸음치는데.

영　우　형, 내가 마크 강아지를 죽였다고 말했나.

희　원　(대본을 보며 더듬) 마크는 강아지를 안 키워.

영　우　키운다니까. 난 아기나 강아지 들이 싫어.

　　　　아무 이유도 없이 사랑받는 것들.

　　　　세상에는 사랑의 총량이 정해져 있단 말이야.

시나리오　　　　　　　　　　　　　　　　　　　51

희 원   아, 잠깐. 이 대사 너무 좋다. 원호 연출님,

완전 무딘 거 같아도…

이런 예민한 대사들을 쓰니까…

(영우를 본다) 기대된다. 영우 씨 무대도.

영 우   (다시 읊조려보는) 난 아기나 강아지 들이 싫어.

아무 이유도 없이 사랑받는 것들.

세상에는 사랑의 총량이 정해져 있단 말이야.

영우, 불현듯 희원의 눈을 똑바로 쳐다본다.

왠지 가슴이 두근거리는 희원.

잠시 적막.

희원, 어색함을 없애려 발목의 끈을 풀려는데

매듭이 잘 안 풀린다.

영우, 희원의 발목을 풀어주는데

영우의 손끝이 희원의 발등을 스친다.

그때 밖에서 들리는 영우 밴의 경적 소리.

현관 입구에서 희원의 브론즈 두상을 유심히 바라보는 영우.

재하가 하듯이 슬쩍 손을 대본다.

22
연습 몽타주

대본이 촤르르 넘어가다 표지가 덮이고.
의상과 소품이 차곡차곡 놓이고.
무대 위에 테이핑을 하며, 의자 등의 소품을 확인하는
연출팀과 원호.
영우를 찍는 매니저와 실장.
매니저가 빠르게 올리는 영우의 홍보 샷들.
뭐가 재밌는지 객석 의자에 나란히 앉아
동영상을 보며 웃고 있는 두 사람.

23
극장 / 낮

바깥의 빛이 열린 무대 옆으로 들이쬐는 작은 극장.
무대감독이 빛이 들어오는 입구를 닫자, 빛 또한 사라진다.
의자가 놓이고. 영우와 재하, 무대 위에 선다.
이때 조명이 틱, 밝아진다.
숨 막힐 듯 강렬한 조명.

영우, 순간 눈을 질끈 감으며 살짝 물러선다.

조연출   영우 씨, 위치 여기.

조연출, 영우를 끌고 마킹한 자리에 다시 세운다.
그러나 보라는 듯 뒤돌아서버리는 영우.

원 호   (버럭) 싱어 위치!
영 우   (…) 아 씨, 됐다고.
원 호   어?
영 우   불 끄라고!

영우, 그대로 휙, 나가버린다.

24
극장. 비상계단 / 낮

철제 계단을 성큼성큼 오르는 재하.
올려다보면, 발만 걸고 상체는 보이지 않는 영우.
보호색이라도 입은 듯 잘 안 보인다.

재하, 영우의 옆에 다가와 서고.

재 하 (잠시 보다가) 너 뭐 조명 알레르기 있어?

　　　　아이돌이?

영 우 ….

재 하 어어? 대답 바로바로 안 하네 자식이.

영 우 왜 그렇게 폭력적이에요, 다들?!

재 하 …?

영 우 난, 내가 좋아서… 즐거워서 하는 거지.

　　　　왜 다들 가르치고, 왜 다들 어째라 저째라 하냐고요.

재 하 그래서 하기 싫냐? 그럼 하지 않으면 되잖아.

영우, 갑자기 조용해진다.

잠시 침묵이 흐른다.

재 하 나도 첫 무대 때는 조명이 그렇게 무섭더라고.

　　　　근데, 우린 또 그게 없음 심심하거든.

　　　　그거 받으려고 목숨 거는 거니까.

극장, 옥상 / 낮

하늘을 쪼개는 쨍한 햇살 아래 누워…
영우는 이어폰을 꽂고 까딱까딱이고,
재하는 손부채를 한 채 하늘만 보고 있다.
그런 둘의 시간.
잠시 후.

영 우   연극은 약속인데 내려가야지.

하고 쭉 몸을 일으켜 먼저 내려가는 영우.
재하, 혼자 씩~ 웃는다.

26

극장, 무대 위 / 낮

영우와 재하, 무대 위에 선다.
재하, 영우의 감은 눈 위로 손바닥을 어른거려준다.

재　하　　자, 스포트라이트! 영우! 예에.

피식 웃으며 눈을 뜨는 영우,
재하의 그 손을 소중하게 잡는다.

영　우　　*형이 보고 싶어서 참을 수 없었어.*

연기를 시작하는 영우.

영　우　　*집까지 가는 길에, 사람들이 쳐다보고*
　　　　　　수군거리는데도 형이 내 손을 안 놓고 잡아줬잖아.
　　　　　　그 손을 잊을 수가 없어.
　　　　　　그 어떤 말보다 더 느낄 수 있었어.
　　　　　　우리가 서로 사랑한다고. 그래서 이거 가져갈 거야.

영우, 재하의 손을 눈 위에 댄다.
손으로 조명을 가리자 빛이 어른거리는 영우의 뺨.
재하, 가슴에서 커다랗게
무너져 내리는 듯하다.
자신도 모르게 영우의 두 뺨을 감싸 안는 재하.

원호와 스태프들, 재하의 예상치 못한 행동에 벙~해 있는데
이때 영우, 손에서 뭔가를 후드득 떨어뜨린다.
시장에서 샀던 목각 손가락이다.
다시 그 손가락을 집어 자신의 주머니에 소중히 넣는 영우.

영 우   (재하에게 다가가 소근) 이거, 가져갈 거예요.
             형, 내 거니까.

재하, 자신에게 한 말인지 대사인지 잠시 헷갈리는데….
다가온 영우를 비껴 본 시선에
희원이 원호의 곁에 앉아 있는 것이 보인다.
재하, 당황하지만 이내 희원에게 왔냐? 시선 주고
희원은 찰나에 느꼈던 묘한 느낌을 감추고 반갑게 웃어준다.

\# 27
술집 '틈' / 밤

고성처럼 들려오는 원호의 기타 소리. 노랫소리.
와하 터지는 웃음소리. 분위기가 왁자하다.
희원도 그 속에 섞여 웃고는 있지만…

언뜻언뜻 보게 되는 재하와 영우가 왠지 낯설다.

그때, 조용히 분위기를 깨는 매니저.

매니저　영우는 내일 다른 스케줄이 있어서요.

일순 표정이 일그러지는 영우. 그러나 마지못해 일어난다.
아무도 모르게 슬쩍 스치는 영우와 재하의 손.

원　호　영우, 뭔가 폭풍 성장하고 계셔서 땡큐 땡큐.
　　　　낼 포스터 촬영도 잘하시고!

영　우　(문득) 어땠어요, 형은?

재하, 본다. 형…?

영　우　(다시 한 번) 형, 나 오늘 괜찮았어요?

재　하　괜찮았어. 아주. 그치만. (짐짓 엄하게) 한번
　　　　잡았다고 캐릭터가 완전히 내 안에 있다고
　　　　착각하지 마라. 언제나 도망치는 게
　　　　그놈의 캐릭터니까.

영　우　(생긋) 네. 행사 끝나는 대로 빨리 갈게요.

하고 나가는 영우와 매니저.
재하, 그런 영우의 뒷모습을 본다.
희원은 영우에게 눈을 떼지 못하는 재하를 바라보다…
외면한다.

28
포스터 촬영 스튜디오 / 낮

자연광이 드는 데이라이트 스튜디오.
몸을 포개고 포스터 사진을 찍는 재하와 영우.
사진 촬영에 익숙한 영우, 모든 포즈가 자연스럽고 여유롭다.
재하, 묘한 기분으로 영우의 리드에 따라간다.

사진작가　영우, 연극 한다더니 무드가 달라졌어.
영　우　….
사진작가　뭔가 더 섹시해졌어. 눈매도 깊어지고.
　　　　　수컷 냄새 작렬.
영　우　수컷 냄새요? 그럼 나 수컷 아니었던 거예요?

사진작가   (푸핫 웃으며) 뭐래니? 한 번만 더 가봅시다.

　　　　　의상 체인지!

옷을 갈아입는 재하와 영우.

영우의 등을 보는 재하.

영우의 스타일리스트 등 스태프들이

연극 연습 때와는 다르게 우르르 포진해 있다.

영　우   그냥 벗을까봐요.

　　　　　그게 싱어랑 월터의 감정에는 맞을 거 같아요.

　　　　　그죠 형?

(사이)

계속되는 촬영.

재하, 자꾸 닿는 영우의 살결에 긴장이 되는데.

영　우   (다들 들으라는 듯) 배고파요.

사진작가   오케이.

영우, 카메라 옆에 서 있는 매니저를 보곤,

영 우   (조용히) 바로 갈 거 아니죠?

　　　　　형이 같이 가주면 매니저가 나 보내줘요.

하며 재하의 어깨를 끌어안는다.

사진작가, 그 순간을 놓치지 않고 찰칵찰칵.

재하의 손을 잡고 있는 영우의 손도 찰칵찰칵.

29

통기타 카페 / 밤

영우가 노래를 한다.

아이돌의 노래가 아니다.

가볍게 통기타를 연주해주는 음악가.

점점 음악의 세계로 빠져드는 영우.

그런 영우의 음악으로 함께 빠져드는 재하.

재하, 가벼운 현기증을 느낀다.

F.O.

30
거리 / 새벽

아침 조깅을 하는 재하.
해가 뜨기 시작하는 거리에 재하, 우뚝 멈춰 선다.
숨을 고르는 재하의 얼굴이 복잡하다.

31
재하와 희원의 집 / 새벽

희원, 눈을 떠보니 이미 텅 빈 옆자리.
재하의 빈자리가 커다랗게 보인다.
점점 더 불안해지는 희원의 표정.

32
극장, 극장 입구 / 낮

재하가 연습 중이다.
그러나 제대로 연기하는 것이 아니라
대사를 주르르 나열하는 차원.

재하(월터)   *나 손가락이 아팠는데.*

씨발, 손가락이 없네.

처음 봐. 핏줄이 실밥처럼 나와 있네….

신기하네.

호호. 잘못 잘렸나.

이거 잡아 뜯어버려야 하나?

원호가 맘에 들지 않는 얼굴로 지켜보다.

원 호   월터, 왜 그래?

재 하   대사가 너무 또라이 아냐? 입에 안 붙는다고.

　　　　어차피 액션이 있잖아.

원 호   (삐짐) 그럼 네가 고쳐서 해봐.

재 하   (어이없어하며) 내가 지금 대사를 못 고쳐서 하는

　　　　애기야?

주변 스태프들, 조용히 상황을 지켜보고 있다.

삐익 소리에 다들 돌아보면

희원이 얼굴을 들이밀고 있다.

33

극장, 복도 / 낮

휴식 시간을 맞은 스태프들이 오가는 극장 문 앞.

도시락을 한 아름 들고 서 있는 희원.

재하의 표정은 그다지 반갑지 않은 얼굴이다.

재 하   야, 희원아. 공연 임박해지면,

          이런 거 안 해도 된다고 내가 맨날 그러잖아.

희 원   ….

재 하   밥이야 맨날 먹는 거 아무거나 먹으면 되지.

희 원   그래서, 도로 가져가?

재하, 대답을 못 하자 그대로 도시락을 내려놓는 희원.

희 원   되게 사람 무안하게 한다, 오빠.

          (보지도 않고) 먹든지, 버리든지.

뒤돌아 그대로 가버리는 희원.

영우가 극장 안에서 빼죽 얼굴을 내밀어

재하의 기색을 살핀다.

굳은 표정의 원호가 털썩 의자에 앉는다.
보면, 재하 무대 위로 오른다. 영우도 따라 턱, 무대에 오르고.

재 하   그, 안대 푸는 부분부터 좀 다시 해보자.

영우, 재하를 빤히 본다.

영 우   *(감정 없다) …아직도 의심하는 거야?*
재 하   *그런 거 아니야!!*
영 우   *당연히 사랑하지. 나한테는 형 하나뿐이야.*
         세상에서 유일한 사람이야.

영우, 결박을 푸는 시늉을 하며 재하에게 간다.

재 하   (괜히 짜증) 아, 너무 느리잖아.

지금 체인 풀고 바로 손가락 발견해야 되는데.

안 그래, 연출님?

나한테 좀 더 빨리 와야 되는 거 아니냐고?

재하의 짜증에 다들 눈치만 본다.

재　하　왜 자꾸 호흡을 먹어?

싱어의 호흡이 그게 맞는다고 생각하냐?

영우, 좆만아.

스태프들과 원호, 갑작스레 거친 재하의 말투에 놀라는데.

다시 묵묵히 무릎을 꿇는 영우.

몸을 비틀고 움직여 재하에게 다가온다.

재　하　(또 지적) 그게 월터에게 안기고 싶은

싱어의 움직임이야?

영　우　월터가 싱어를 먼저 사로잡아야죠!

난 전혀 월터한테 가고 싶지 않은데?

정곡을 찌르는 영우의 말에 화끈거리는 재하.

재　하　　다시 해봐!

영우, 다시 결박을 푸는 시늉을 하며 재하에게 다가가다
주머니에서 손가락들을 후드득 떨어뜨린다.
집중하고 있지 않았던 재하, 깜짝 놀란다. 그러나 추스르는.

재　하　　*이게 뭐야.*

영　우　　*…몰라.*

재　하　　*내 손가락이야. 네가 쥐고 있었잖아!*

영　우　　*몰라 형. 안아줘. 일단 나를 안아줘….*

영우, 사슬을 풀며 재하에게 다가오려는데…

재　하　　*나한테 왜 이러는 거야!*

영　우　　*기억이 안 나.*

　　　　　마크가 총을 갖고 나와서 어쩔 수 없었어.

재　하　　*거짓말 마!! 넌 왜 자꾸 거짓말이야!!*

재하, 영우를 진짜 거칠게 묶어버린다.
"아앗!" 영우, 사슬에 쓸려 상처를 입는다.

피가 뚝, 떨어지는 영우.

영우보다 재하가 더 놀란다.

조연출　어, 피! 어떡해요 피!

원　호　(놀라) 야, 뭘 이렇게 진짜처럼 해!

영우의 매니저가 객석에서부터 달려와

무대 위로 올라온다.

영우를 챙기는 사람들과

혼란스러운 표정으로 뒤로 물러서는 재하.

영우는 그저 바라만 볼 뿐이다.

35

희원의 작업실 / 밤

들어서는 재하. 희원, 작업을 하고 있다가 돌아본다.

재하, 희원을 끌어안는다. 희원의 물감이 엎어진다.

그걸 잡으려다 베이는 희원의 손가락. 외마디 비명.

희　원　물감! 물감 오빠!

재하, 아랑곳하지 않고 희원의 단추를 푼다.
희원, 당황해 재하를 민다.

재 하   그렇게 왔다가 가버리면 어떡하자는 거야.

희 원   가라며…? 연습 방해된다고.

재 하   내가 언제 가랬어, 언제?

희 원   하지 마. 하지 마 좀!

그러나 막무가내인 재하를 제어할 수 없는 희원.
물감 풀어진 물이 옆으로 엎어져 흐른다.

36
재하와 희원의 집 / 밤

고요한 집.
재하, 조용조용한 발걸음.
방문 너머로 잠든 희원의 등을 물끄러미 보다 집을 나선다.
잠들지 못한 얼굴의 희원, 그 인기척을 느낀다.

37
재하와 희원의 집, 서재 / 밤

희원이 한 계단을 올라 서재에 들어선다.
희원의 눈에 보이는 재하의 〈언체인〉 대본과 연습 노트.
다가가 열어보면, 아무것도 적혀 있지 않은 빈 노트.
재하 때문에 상처가 난 손가락에서 살짝 핏물이 밴다.
북, 첫 페이지를 뜯는 희원. 흔적 없이 뜯어낸다.

38
거리 / 밤

네온이 하나둘 들어온다.
그런 거리에 휘적거리며 모습을 드러내는 재하.
그 위로 들리는.

원호(off)   희원아, 너네 싸웠어?

희원(off)   왜? 아니….

39

극장 / 밤

삐걱 극장 문을 열고 들어서는 재하.

돌고 돌아도 갈 곳이 이곳밖에 없었다.

어둡고 조용한 객석과 무대.

들어와 객석 의자에 툭 몸을 떨구는 재하.

돌아 나가려던 재하, 자세히 보면 어둠 속에 누군가 서 있다.

영우다.

안도의 숨을 내뱉는 재하, 달려가 영우를 와락 끌어안는다.

40

극장 앞 / 밤

매표소 통창에 어리는 희원의 얼굴.

희원이 극장으로 왔다.

발걸음을 옮기려는 희원의 시선에 선연하게 드러나는

연극 〈언체인〉 포스터. 붉은 바탕에 흰 글씨.

알몸으로 나란히 뒤돌아서서 서로를 바라보는 재하와 영우.

밀착된 둘의 몸.

영우를 보는 재하의 눈빛이 하나하나 커다랗게 보인다.
희원이 돌아보면 극장 입구에, 엘리베이터 앞에
연이어 붙어 있는 포스터.
희원은 자기도 모르게 숨이 멎는다.

41
극장 / 밤

침잠한 얼굴로 홀로 앉아 있는 재하에게 들리는
영우의 목소리.

영우(싱어)   *어디 갔었어? 난 계속 여기 있었는데.*

재하, 환영처럼 나타난 영우의 어렴풋한 모습에
스르르 일어난다.

영우(싱어)   *(이어지는) 내가 얼마나 무서웠는데.*
            형이 나타나주길 기도했는데!

재하, 무대로 성큼 걸어간다.

서로 마주 보는 재하와 영우.

영 우   대사 까먹었어요?

　　　　　보고 싶었어라고 해야죠.

안도의 숨을 내뱉는 재하, 떨리는 호흡으로 다가가

와락 영우를 안고 키스를 해버린다.

긴 키스.

끼익, 소리가 들린다.

돌아보는 재하, 희원이 서 있다.

서로의 시선이 마주쳤다 싶은 찰나의 순간.

얼른 먼저 돌아 나가는 희원.

(insert) 표정이 보이지 않는 희원이 지나는 복도에

연이어 붙어 있는 〈언체인〉 포스터.

다급한 희원의 발자국 소리만 울려 퍼진다.

42

재하와 희원의 집 / 밤

오도카니 침대 위에 걸터앉은 희원.

불현듯 핸드폰으로 영우를 검색해본다.

영우의 파파라치 사진들 속 곳곳에 재하가 있다.

자세히 보면 자신도 있다.

만물시장에서 찍힌 세 사람의 모습.

인기척에 얼른 침대 안으로 들어가는 희원.

잠시 후… 재하의 그림자가 드리웠다가 사라진다.

43

재하와 희원의 집, 식당 / 밤

식탁 위에는 희원이 뜯어 온 것으로 보이는

연극 포스터가 한 장 있다. 조금 구겨져 있다.

어느 틈에 나와 있는 희원.

재하, 희원을 힐끗 보고는,

재 하   포스터… 내가 들고 왔는데.

재하의 손에 들려 있는 둥글게 말린 포스터.

평소처럼, 희원을 안지 않는 재하.

괜히 시선을 피한다.

그런 재하의 등 뒤에 말하는 희원.

희 원   기사 엄청 많이 떴더라.

재 하   무슨 기사?

희 원   연극, 말야.

희원, 재하를 본다.

재하도 거부하지 않고 희원을 본다.

갑자기 그런 재하의 눈빛이 먼저 두려워지는 희원.

말을 돌린다.

희 원   바질 페스토 할 건데. 스파게티 괜찮아?

재 하   (아무렇지도 않게) 도와줘?

희 원   음… 아니. 씻어.

재하, 끄떡 돌아서고,

희원은 재하의 발소리를 가만히 듣는다.

서서히 여명이 들어서고…
재하, 부스스 몸을 일으킨다.
간밤. 그 누구도 잠을 이루지 못했다.
희원, 그런 재하의 팔을 잡는다.

희 원　어디 가… 나랑 있어. 좀만 더.

희원, 재하의 품을 파고든다. 엉거주춤 다시 눕는 재하.
희원, 재하에게 입을 맞춘다. 받아주는 재하.
희원, 재하의 몸 위로 올라온다. 키스하는 희원.
재하, 그저 받아줄 뿐,
갑자기 희원이 어색하기라도 한지 허공에 뜬 손.
희원, 재하의 손을 잡아 자신의 엉덩이에 얹는다.
서로의 잠옷 속으로 손이 들어가고….
다리와 입술이 엉켜 들어가다가
희원, 눈을 꼭 감고 있는 재하의 얼굴에서 몸이 딱 멈춘다.

희　원　　왜, 날 안 봐?

그제야 눈을 뜨는 재하. 희원을 묵묵히 본다.
희원의 눈에 그렁 눈물이 비치는 듯하더니…

희　원　　나 벼랑이거든. 그만 밀어.

하고는 간절히 재하를 탐닉하는 희원.
재하는 그저 희원에게 몸을 맡기고.
희원은, 절정에 오른다….
그러나 이내 비참해지는 희원의 얼굴.

45
거리 / 아침

헉, 헉, 생각을 떨치려는 듯 격하게 뛰고 있는 재하.
아침 해가 떠오르는데,
언덕 위 쏟아지는 햇살을 등지고 서 있는 실루엣.
재하, 언뜻 본다.
영우 같다.

　　　　　　　　　　　　　　　메소드

재 하   (절레절레) 미쳤구나 미쳤어.

재하, 내가 이제 헛것을 보나 싶은 마음에 계속 뛰는데,
사라지지 않는 신기루.
진짜, 영우다. 영우가 재하를 보고 햇살처럼 웃고 있다.
멍~ 보는 재하.
영우, 재하에게 다가온다.

영 우   형, 나 안 보고 싶었어요?

영우를 바라보던 재하, 그대로 영우의 손을 잡고 달린다.
그런 둘을 앞서가는 태양 그림자.

46
희원의 작업실 / 아침

무작정 문을 열고 들어서는 재하와 영우.
출입문을 단단히 밀어 잠근다.
웃고 있는 영우. 혼란스러운 재하의 표정.
둘 다 한참을 뛰었는지 호흡이 가쁘다.

재하는 붕대를 감은 영우의 손에 입 맞추기 시작한다.
그러다 문득,

재　하　너, 혹시 게이냐?

간지럽다는 듯 몸을 틀며 웃는 영우.

영　우　아닌… 데요?

재하 표정이 더 혼란스럽다.

영　우　그냥 형을 좋아하는 건데요.

그런 영우의 뒷덜미를 희원에게 하듯 한 팔로 껴안는 재하.
영우의 머리에 귀에 그리고 목으로 점점 깊어지는 키스.
영우의 얼굴이 희열로 달뜬다.
탁, 희원의 캔버스 하나가 옆으로 넘어가고…
그런 둘의 모습이 햇빛 들어오는 창문 옆으로
눈부시게 보인다.

47

재하와 희원의 집, 식당 / 아침

희원이 내려준 그린 주스와 간단한 아침을 대신 먹고 있는 원호.

원 호 자식, 몇 킬로나 뛴대? 더 안 빼도 되는데.

희원, 찹찹 밥을 먹고 있는 원호를 본다.

희 원 극장에서 오빠 만날 거면서 왜 아침부터….

원 호 (버럭) 재하 때문에 왔겠냐, 내가?
그 미친 아이돌 땜에 불안해서 왔지?
것도 그렇고. 나도 어제 재하랑 좀… 거기다
어제는 사고까지 있었지….

희 원 무슨 사고?

원 호 (괜히 말했다) 아니… 아니. 그냥 몰입하다가….

희 원 무슨 몰입? 오빠 때문에, 영우 때문에?

희원의 예민한 질문에 외려 원호가 당황한다.

원　호　　재하가 뭔 일이 있겠냐. 영우 때문이지!

　　　　　　내가 요즘. 불안해서 잠이 안 와요.

희　원　　그럴 리가. 얼굴에 아직 베개 자국 그대론데.

원호, 얼른 뺨을 손으로 비빈다.

희원, 불안함을 감추려 애써 웃는다.

48
골목 어딘가 / 낮

재　하　　전화했었어? 어, 어. 형 또 병 도진 거야.

　　　　　　연출이 없는데 무슨 연습이 되겠어.

　　　　　　내가 찾아와야지.

　　　　　　걱정 말고 너도 오늘 작업 잘하고… 응.

재하, 전화를 끊는다.

재하 손에 들려 있는 외제 차 키. 돌아보면 문 열린 영우의 밴.

어두운 입을 벌린 밴 안으로, 삼켜지듯 쑥~ 들어가는 재하.

희원의 작업실 앞 / 낮

희원, 물끄러미 핸드폰을 바라보고 있다.
생각을 떨치려는 듯 머리를 흩트리며
작업실 문을 열려는데…
헐겁게 그냥 빠지는 자물쇠.

50

도로 / 낮

도로를 달리는 영우의 밴.
귀 찢어지게 울려대는 음악 소리.
뒷좌석과 앞좌석을 쿵쿵 쾅쾅거리며
미친 듯 폴짝폴짝 뛰어다니는 영우.
지그재그 달리는 밴.
영우, 재하의 입술에 키스하고
그대로 창문을 열어 바람을 맞는다.

희원의 작업실 / 낮

신경질적인 붓질이 지나간 캔버스를 멀거니 보고 있는 희원.
문득, 이상하게 기울어진 캔버스를 본다.
멈칫, 흔들리는 희원의 눈동자.

52

극장, 복도 / 낮

극장을 돌아 나오는 영우의 실장과 매니저.
매니저, 초조한 표정으로 계속 영우 인스타그램만
새로고침 해본다.

실 장 애, 이러다 진짜 사고 치면 어쩔 거야.

제가 브래드 피트야, 졸리야? 어?

아 뭐 해? 도난 신고라도 내든가!

매니저 (비명처럼) 어! 업뎃!

매니저, 실장에게 영우가 올린 동영상, 사진을 보인다.

도로를 달리며 찍은 영상. 하늘과 바다. V 자 겹쳐진 얼굴.

실　장　　놀고들 자빠졌네….

53
바다 / 낮

바다 한가운데, 햇빛이 찬란하고 정말 영우는 너무 신났다.

영　우　　와아아아아 아무도 없다아아아아아.

서핑보드에 오른 둘.
물장난 치고 패들링 하고 소리 지르고 진짜 놀고들 있다.
영우, 패들링 해 재하에게 가까이 온다.

영　우　　어, 이거 풀어지면 큰일 나는데.

영우, 재하의 발목에 서핑보드의 생명 끈을 단단히 매준다.
일렁이는 물결. 둘의 시간이 바다 한가운데서 멈춘 것만 같고.

54
희원의 작업실 앞 / 밤

희원, 시동도 켜지 않은 차 안에서 영우의 인스타그램을 본다.
과시라도 하듯, 여러 장의 바다 사진들.
밤바다에서 부둥켜안은 재하와 영우.
맥주잔들. 폭죽들….
물끄러미 화면을 보던 희원, 시동을 부릉 건다.

55
바닷가 / 아침

(insert) 붉게 타는 듯이 떠오르는 태양.
인적 없는 바닷가.
사람들의 잔해가 이리저리 쓸린다.

56
바닷가, 밴 안과 밖 / 아침

아늑한 밴 안. 재하에게 안겨 자는 영우.

계속 영우의 전화가 울린다. 온통 회사, 사장.

드륵드륵. 불길하게 울리는 재하의 핸드폰.

그리고 갑자기 벌컥! 열리는 차 문.

재하 그리고 영우 놀라 보면,

영우의 회사 실장이 영우를 끌어낸다.

부스스 끌려 나가는 영우.

재하, 차에서 내리려는데 실장이 거칠게 밀어 넣는다.

실 장　여기서 같이 나오는 거라도 찍히면 진짜

　　　　좆되는 거거든요. 납치로 갑시다.

실장. 영우를 자신의 차에 태운다.

어버버, 잠이 덜 깬 눈으로 밀리며 재하를 보는 영우.

영우, 실장을 밀친다. 실장, 익숙한지 영우를 쉽게 제압한다.

영우, 안 끌려가려 실장을 투다닥 때리자

실장 영우의 뒤통수를 갈긴다.

깜짝 놀라 실장을 말리려 달려드는 재하.

그걸 말리려 내리는 매니저.

한바탕 난리가 나는데 재하가 멈칫, 선다.

희원이 그런 재하를 보고 있다.

　　　　　　　　　　　　　　　　　　　　　　　메소드

실장이 영우를 차에 태우고.

영우는 "형, 형…" 애타게 부를 뿐이다.

CUT TO

파도가 밀려오는 백사장에 쓰러지는 재하.

재하, 황망하게 바라보면 희원이 재하를 밀쳤다.

따귀 한 대를 맞은 듯, 뺨을 쓸어내리며, 냉소.

재　하　　너니, 희원아?

희　원　　(분노에 찬)

재　하　　네가 죄다 끌고 온 거냐고?

희　원　　(기가 막히다) 내가 여길 어떻게 몰라?

　　　　　　오빠 기껏해야 틀어박히는 데가 맨날 여긴데.

재　하　　(피식피식 웃는다) 넌 나에 대해서 너무 많은 걸 안다.

희　원　　(웃어버린다) 내가 오빨 알아?

　　　　　　뭐 이딴 난잡하고 조잡한 거? 오빤 날 알아?

다가가 끌어 일으키는 희원.

재하의 몸을 흔들고 밀치며 등짝을 가슴팍을,

되는대로 마구 때리는 희원.

희 원   말해봐. 내가 이제 어떻게 해야 돼?

　　　　잘난 배우라고, 작품 할 때마다 우우 몰려다니며

　　　　빠졌다 돌아오고, 빠졌다 돌아오는 오빨,

　　　　얼마나 더 참아야 되냐고?! 어!

　　　　(더 돌겠다는 듯) 이젠 남자니? 이제 남자야?!

그러다 급기야 재하를 발로 차는 희원.

세찬 발길질에 자기도 넘어져버린다.

화악 덮치는 파도에 함께 쓸려 가고.

간신히 몸을 일으키는 희원.

그러나 재하의 멱살은 놓지 않고 있다.

희 원   왜 날 이렇게 병신 만들어!! 네가 뭔데!!

　　　　진작 헤어지자 그랬으면 그대로 좋게 헤어지지

　　　　왜 막장의 막장까지 끌고 가는 거야? 네가 뭔데!!

희원의 발길질은 계속되고…

그렇게 엉망진창이 되는 재하와 희원.

파도가 하늘이 너무도 찬란해서 눈을 찡그리는 희원.

한참을 울부짖던 희원, 수습하고는 혼자 간신히 일어난다.

희　원　비겁한 새끼. 제 인생은 패대기치면서.

　　　　졸라 겁만 많은 새끼.

돌아서 가는 희원.

재하가 뭔가 말을 하려 하자,

이미 알고 있다는 듯 휙 돌아서며.

희　원　말하지 마. 한마디도 말하지 마! 다 대사 같으니깐!!

희원. 휘적휘적, 진저리를 치며…

간다.

57

방파제 등대 / 해 질 녘

핸드폰 화면을 보고 있는 재하.

겁 없이 밀회를 즐기는 BL 커플은 누구?

영우와 재하의 모습이다.

기사는 갈수록 눈덩이처럼 불고,

영우가 인스타그램에 올린 사진들.

백사장 위의 그림자와 영우를 봤다며 올린

여고생의 사진까지….

재하, 댓글들까지 보며 아연실색한다.

그런 상황에서 '납치!'라는 단어로 무섭게 도배되는.

그런 와중 끊어졌다가 다시 끈질기게 울리는 전화. 영우다.

영 우　　형! 혀엉… 놀라지 마요, 괜찮아요.

　　　　　이런 거 금방 지나가요. 지금 어디예요?

하는데 누군가 영우의 전화를 빼앗는 소리가 들린다.

화내는 영우의 목소리. 끊겨버리는 전화.

재하, 허허롭게 웃다가… 그저 '깡소주'만 들이켠다.

58

극장 외경 / 낮

입구에 계단에 도배가 되어 있는 〈언체인〉 포스터.

행사를 알리는 배너가 나와 있다.

연극 〈언체인〉 초연 제작 발표회다.

다양한 기자들과 카메라의 행렬이 이어지고.

59
극장, 간이 옥상 / 낮

원호 앞에 서 있는 재하.
그새 자란 수염이 파리하게 까칠하다.

원 호   어떻게, 할까? 말까?

재 하   ….

원 호   연극 하이라이트는 안 하는 걸로 내가 빼볼 테니까.

재 하   ….

원 호   재하야, 자식아.

60
극장, 분장실 / 낮

영우가 분장실 거울 앞에 앉아
목각 인형 손가락만 만지작거리고 있는데.
재하, 들어선다. 영우, 팅기듯 일어나 재하에게 간다.

안절부절못하며 재하의 눈치만 살피는 영우.

재하는 영우를 흘깃 보는 듯하나, 바로 분장사 앞에 앉고.

조연출이 들어온다.

조연출   분장 선생님, 연출 선생님께서요,

　　　　　그냥 오늘 공연은 안 하신다고….

61

극장, 제작 보고회장, 무대 뒤 / 낮

기다리고 있는 재하와 영우.

영우는 어떻게든 재하와 이야기라도 해보려 하지만,

끝까지 영우를 감시하는 실장.

무대 위에서는 작품을 설명하는 원호의 목소리가 들려온다.

원 호　 …살인을 목격한다. 상당히 파격적이고 잔혹하지만

　　　　　무대 연출의 새로운 경험을 선사하는 동시에

　　　　　현대인의 일그러진 사랑에 대한 성찰이 담겨 있는

　　　　　작품이라고 감히 말씀드릴 수 있겠습니다.

　　　　　그럼 두 주인공, 이재하, 영우.

두 배우를 모셔보겠습니다.

무대 위로 나서려는 재하의 손을 끌어당기는 영우.

재하를 안는다.

재하도 영우를 토닥여주는데 표정이 복잡하다.

영 우   (빠르게) 일부러 그랬어요.

재 하   ?

영 우   세상에 알리고 싶었어요.

         형이랑 나랑 사랑한다는 거.

         형, 나 사랑하죠? 사랑한댔죠? (스스로 다짐하듯)

         이제 진짜, 내 마음을 알릴 수 있게 됐어요.

         아니, 우리 마음을.

재하, 영우의 상기된 표정을 본다.

원호, 재하와 영우를 재차 부르고…

재하의 손을 꼭 잡는 영우.

그 손을 이끌고 무대로 나가려 하나,

재하는 그 잡은 손을 스르르 푼다.

영우의 커다란 눈동자.

극장, 제작 보고회 장, 무대 위 / 낮

엄청나게 터져대는 플래시. 재하와 영우, 곁에 앉은 원호.
기자들의 질문에 당황한 기색이 역력하다.

원 호　(얼른) 연극 〈언체인〉은 사랑 때문에 자신의
　　　　인생을 망친 존재를 지우고 싶어 하는 한 남자의
　　　　이야기다, 이렇게 설명할 수 있겠습니다.

영우는, 무대 뒤에서 자신의 손을 빼냈던
재하의 행동에 받은 충격으로 멍하다.

기 자 1　해서 연극의 내용과 흡사한 해프닝을 일으켰다
　　　　이렇게 해석해도 될까요?
기 자 2　상대역으로 영우 씨를 추천한 게
　　　　이재하 배우라던데 어떤 이유였나요?
재 하　예…?
기 자 3　혹시 이전부터 호감을 가졌던 사이인가요?

기다렸다는 듯 재하와 영우의 스캔들성 기사를
작정하고 쓰려는 질문들이 쏟아진다.

기 자 4   작품과 이재하 씨 본인의 성 정체성과 관련이 있나요?

기 자 3   사진은 진짜입니까? 영우 씨 소속사에서는
          합성이라고 일축했는데요.

기 자 2   진짜 키스하셨나요?

원   호   (난처) 아하하… 그….

시간이 멈춘 듯. 재하만의 시간이 흐르고. 드디어.

재   하   극의 한 장면입니다. 너무 작품에 몰입하다보니….

기 자 2   그럼 그 사진이 진짜입니까?

재   하   …저는, 메소드 연기 배웁니다.

기 자 1   (비아냥) 메소드 연기를 하기 위해
          키스를 했다는 말씀인가요?

재   하   연극 속에서 한 겁니다.

영우, 그제야 재하를 본다.

기 자 4   영우 씨는 어떻게 생각하나요?

         싱어라는 캐릭터를 어떻게 이해했죠?

영 우   (말하고 싶다) 제가 연기한 싱어는요…

재 하   연극 속에서 했고, 극 중에서도 서로 죽입니다, 우리는.

         (잠깐) 연극을 봐주시기 바랍니다.

         그게 저의 답이 될 거라 생각합니다.

차가운 목소리의 재하에 시선을 고정한 채

아무 소리도 들리지 않는 영우.

원호   예, 오늘 〈언체인〉 제작 보고회에 와주신

         기자분들께 진심으로 감사드립니다.

         나머지는 보도자료 참고해주시고요.

기자들, 원호를 무시하고 계속 질문을 쏟아붓는다.

공연은 왜 안 보여주는 거냐, 노이즈 마케팅이냐….

재하를 보는 영우. 객석만 보는 재하.

매니저, 얼른 영우에게 다가가 보호하는데,

그 몸에 가려진 영우의 눈에 물기가 서린다.

소매로 쓱 닦는 영우.

극장, 복도 / 낮

기자들이 둘의 사진을 찍으려 즐비하고.

재하, 기자들을 스쳐 지나가려는데 잡아 세우는 누군가.

보면 희원이다.

그 손놀림이 자연스레 팔짱으로 바뀌고…

그런 모습을 인지한 기자 중 하나가

다른 기자들을 툭툭 친다.

힐끗 보고는 나타난 영우에게만 카메라를 들이대는 취재진.

재하, 희원과 엘리베이터에 오른다.

영우의 시선은 계속해서 재하를 따르고…

재하의 눈길이 영우에게 닿으려는 찰나, 닫히는 엘리베이터.

홀로 남겨진 영우.

64

재하와 희원의 집 / 밤

끼익 열리는 현관.

숨죽인 발걸음이 현관 앞의 브론즈 두상에서 멈춘다.

희고 차가운 손이 조각상을 매만지다가,

파르르 떨며 손끝을 거둔다.

집 안 곳곳, 둘의 생활이 묻은 자연스러운 것들을 보는 영우.

처음 이 집에 와서 부럽고, 갖고 싶었던

그 모든 친숙함을 본다.

함께 식사하던 식탁. 가재도구들.

희원과 재하가 함께 쓰는 요가 매트.

벽에 걸린 희원의 그림. 함께 널린 빨래.

낱낱이 훑으며 어두운 집을 부유하는 영우.

차갑게 뒤돌아 누워 잠든 희원과 재하를 바라보는 시선.

영우, 희원을 한참 바라보고 서 있다.

이대로라면 희원을 당장 죽일 수도 있을 것 같다.

65

세하와 희원의 집 / 아침

재하가 홀로 집을 나서고 있다.

잠시 머뭇거리는 재하.

두상에 손을 대고 나서려는데,
등 뒤에서 희원이 조용히 말한다.

희 원   연극 끝나고 이야기해.

　　　　　어차피 그때까진 월터로 살 거잖아.

재하, 돌아서서 희원을 안으려 한다. 거부하는 희원.
조용조용한 둘의 대화를 지켜보는 시선.
드륵, 신경질적인 소리에 돌아보는 두 사람.
바람에 창문이 흔들린다.
재하가 그저 끄덕이며 집을 나선다.
재하가 나간 집 안. 문득 낯설다.
인기척을 느끼고 돌아보는 희원.

66
극장 / 낮

조명, 의상, 서로 체크하는 소리가 분주한데
홀로 무대에 서 있는 재하. 뛰어오는 매니저와 실장.
실장, 그대로 재하에게 직행한다.

실 장	어디 숨겼어요? 예?
재 하	?
실 장	우리 어젯밤부터 찾아다녔는데 완전 깜깜이라고.
원 호	(왈칵) 아니 진짜 보자 보자 하니까!
	이 공연 당신들이 찾아와서 시켜달라고 빌었잖아.
	그리고! 지금 그 밟고 있는 데가 어디라고!
	어디서 지금 신성한 무대 위로 올라와서
	배우 앞에 딱 서, 감히?

원호의 삿대질에 한 발 한 발 뒤로 밀리다
결국은 떨어져 내리는 매니저와 실장.

(사이)

혼자 무대 동선을 밟아보는 재하.
재하의 표정이 불안하다.

세하와 희원의 집, 서재 / 낮

희원, 한 발 올라 2층 서재에 들어서는데.

열린 베란다 문, 바람에 날려 밖으로 흩어지는 대본들.

아연해 바라보는 희원, 베란다 문을 얼른 닫는다.

그런 희원의 뒤로 누군가 다가오는 느낌에

흠칫 돌아보는 희원.

반대편 문밖에서 사라지는 그림자.

계단 위아래로 서로 엇갈리는 걸음들.

그런 희원을 바라보는, 숨은 영우의 눈빛.

영우는 곧 희원을 덮칠 것처럼 다가서지만, 손만 떨고 있다.

희원, 부랴부랴 짐을 챙겨 집을 나서려는데

뭔가 퍽, 하고 박살 나는 소리.

희원, 소리가 나는 쪽으로 뛰어가다

혼비백산 비명을 지르며 주저앉는다.

보면 희원의 브론즈 두상이 처참히 산산조각 나 있다.

극장. 분장실 / 낮

분장, 재하의 얼굴에 붓을 대고 원호를 본다.
원호, 초조하게 시계만 본다.

원 호　　일단 분장 가요. 막은 무조건 오른다.
　　　　　야, 안 되면 나라도 올라가 싱어로.

이때 벌컥 문을 열며, 영우가 들어선다.
식은땀에 눌어붙은 머리칼. 손에 맺힌 핏방울.
창백한 얼굴의 영우.
다들 아연실색 바라보기만 하는데…
태연하게 재하 옆에 앉는 영우. 적막이 흐른다.

원 호　　자자, 그럼 다들… 어? 연습은 실전처럼,
　　　　　실전은 연습처럼. 연습을 못 했지만…
　　　　　관객들을 한번 사로잡아보자고 응? 월터? 싱어?

재하, 영우를 보지만 영우는 시선 한번 주지 않는다.

갑자기 불안해지는 재하.
계속, 영우를 눈으로 좇는다.

의상을 갈아입고 다시 분장실 의자에 앉는 영우.
그제야 생각났다는 듯 백팩에서 뭔가를 꺼낸다.
재하의 대본과 연습 노트다.

영 우   (감정 없는) 이거, 있으셔야 되는 거 아니에요,

　　　　　선배님?

연습 노트와 영우를 번갈아 보며
하얗게 질려가는 재하의 얼굴.

09
극장. 무대 뒤 / 낮

영우 나름의 몸풀기. 심호흡.
재하는 영우를 돌려세운다.
안대를 이마에 걸친 재하와 영우.
구타의 흔적이 선명한 분장. 피와 멍투성이의 창백한 얼굴.

재 하　우리 집에 갔다 왔니, 너? 희원이가 전해주래?

영 우　(물끄러미 바라보다 픽 웃으며) 난 오늘 정말

　　　　완벽하게, 싱어가 될 수 있을 것 같아요, 월터.

이때, 무대감독이 다가와 말한다.

무대감독　하우스 나갑니다. 스탠바이, 3분 전.

음악이 흐르고 점점 어두워지는 무대와 객석.
먼저 나가는 영우를 잡으려는 공허한 재하의 손짓.
이윽고 영우의 얼굴이 암흑 속으로 사라진다.

\# 70
극장 - 첫 공연

〈ACT 1〉
찰캉찰캉, 쇠사슬 소리가 울려 퍼진다.
고통에 찬 외마디 소리.

재하(월터)　*제발 내보내줘! 나 좀 풀어줘!*

무대. 서서히 밝아지면 처참한 월터와 싱어의 모습.
피 묻은 안대로 눈이 가려져 있다.

재하(월터)   *그만… 나가고 싶어요….*

결박을 풀어보려 괴성을 지르며 힘쓰는 재하.
그럴수록 재하의 발목을 무겁게 옭아매는 쇠사슬.
진짜 팔을 꺾는 듯 격한 재하의 액션에,
관객들 절로 얼굴을 찌푸린다.
이때 아직 어두운 구석에서 들리는 신음 소리.

재하(월터)   *누, 누구야. 지금 내 앞에 있는 거… 누구야?*

결박을 풀기 위해 애쓰는 재하.
가까스로 왼팔을 풀어내고 신음한다.
얼른 안대를 벗자, 눈앞, 사랑을 갈구하는 영우의 몸짓.

영우(싱어)   *형… 나야 싱어… 월터.*
재하(월터)   *월터…? 그래… 싱어…*
         난 네가 사랑하는 사람이지?

영우(싱어)   형… 내가 얼마나 무서웠는데…

         형이 나타나주길 얼마나 기도했는데!

재하, 지금까지 보지 못했던 영우의 생생한 연기에 주춤한다.

영우(싱어)   형이 보고 싶어서 참을 수 없었어….

재하에게 환영처럼 들려오는 영우의 목소리.

극장에서 첫 키스를 나누던 밤에, 영우가 재하에게 건넸던 말.

극에 몰입하지 못하고 확연히 흔들리는 재하의 표정.

그러나 치고 들어오는, 영우, 싱어의 대사.

영우(싱어)   형, 나 알겠어. 우릴 이렇게 한 사람. 마크야.

         내가 클레어네 집에 갔었어.

재하(월터)   네가 희원이, 아니 클레어네 집에 갔어, 네가?

         왜?

재하의 입에서 나오는 헛대사에 원호도 당황하고

눈이 가려진 채 후후, 웃는 영우.

재하, 미칠 것 같은 표정으로 영우에게 다급히 다가간다.

차르륵 불쾌하게 울려 퍼지는 쇠사슬 소리.

재하, 극 중 월터의 손에 감겨 있던 붕대가

후르르 풀려 떨어지는데 손가락이 잘려 있다.

관객석에서도 흐흡, 놀라는 신음 소리.

재하, 으아악 소리를 지른다.

재하(월터)   *나 손가락이 아팠는데… 씨발 손가락이 없어.*

  내 손가락을 누가 잘랐다고!

영우(싱어)   *형, 보이는구나? 나 좀 풀어줘, 제발. 빨리!*

재하, 영우를 풀어주지 않고 불안하게 바라본다.

눈이 가려진 채 몸을 뒤틀고 있는 영우.

재하(월터)   *(조심스레) 싱어, 난 네가 사랑하는 사람이지?*

영우(싱어)   *아직도 의심하는 거야…? 나한테는 형뿐이야.*

  세상에서 유일한 사람이야.

재하의 눈은 흔들리는데, 영우의 손에서 손가락이 떨어진다.

재하(월터)   *이게 뭐야! 내 손가락?*

이게 왜 네 손에 있던 거야!

영우(싱어) *그만 소리 질러, 나도 모르겠어!*

관객들, 혼란스러운 얼굴로 극에 몰입한다.

그때, 조용히 극장 문이 열리고… 작은 플래시가 켜지며,

누군가… 객석으로 들어선다.

(어둠 속이라 알아볼 수 없지만, 희원의 등장)

재하(월터) *말해, 클레어 집에 갔었다며. 클레어가 뭐래. 응?*

영우(싱어) *형, 나 사랑하지. 응?*

재하(월터) *(달래듯) 어, 사랑해….*

영우(싱어) *그걸 내가 어떻게 믿어.*

영우, 갑자기 침묵한다.

무대 위 적막감이 감돈다.

스윽스윽 재하에게 기어가는 영우.

영우(싱어) *형, 나 키스해줘. (울먹이며) 나 좀 안아줘….*

재하, 영우를 끌어안는다.

품에 안긴 그가, 영우인지 싱어인지 혼란스럽다.

영우, 재하의 입술을 찾고…

재하는 극 중 키스 장면을 해야 하는데 망설여진다.

거짓 키스를 하는 재하.

그런 재하의 귀에 나지막한 영우의 목소리.

영　우　　연극 속에서도 안 하네, 키스를….

또다시 당황해 주춤 물러서는 실제의 재하.

그런 모습을 바라보는 객석의 희원.

재하, 간신히 대사를 이어간다.

재하(월터)　　*그러니까… 내 손가락이 왜 너한테 있는 거야.*

　　　　　　　희원이 어딨어!

웅성대는 객석의 관객들.

희원, 재하의 혼란을 깨닫고 자기도 모르게

'나 여기 있어' 알려주려 하지만 자신은 객석이다.

영우(싱어)　　*아까 밖에서 쓰러져 있는 클레어를 봤어.*

근데… 죽은 것 같았어.

순간, 재하의 눈과 귀에는 희원이 죽은 것 같았어…로
웅웅거리며 들린다.
쿠쿵, 흔들리는 재하의 표정. 서둘러 객석을 본다.
가득 찬 객석. 불안하게 희원을 찾아 헤매는 재하의 눈동자.
아무리 둘러보아도 희원이 보이지 않는다.
괴성을 지르며 쇠사슬을 손으로 풀기 시작하는 재하.
괴성을 질러댄다.

영우(성어)   *제발 그만해! 그만하라고.*

                우리 그냥 이대로 영원히 여기 살면 안 돼? 응?

그런 재하를 보고는 쿡쿡 웃는 영우.
한심하다는 듯 고개를 젓다가 영우, 스르륵 일어난다.
힘없이 떨어지는 밧줄. 사실은 묶여 있지도 않았던 영우.
안대를 툭 풀어 내린다.
오로지 쇠사슬을 끊기 위해 날뛰는 재하를,
흐릿하게 바라보는 영우의 표정.
재하, 놀라 쇠사슬을 무기로 쓸 듯 손으로 움켜쥔다.

영우(싱어) *난 그렇게 형 손잡는 걸 좋아했는데…*

(손가락을 쥐며) 그래서 이거 가져갈 거야.

더 이상 움직일 수도 없는 재하.

아무 대사도 생각나지 않고 멍하다.

점차 더 무대를 리드하는 영우.

영우(싱어) *형, 우린 여기서 나갈 수가 없어.*

형을 가둔 것도 나고, 나를 가둔 것도 나거든.

왜냐하면, 형이 클레어한테 돌아가면 안 되잖아?

근데 더 중요한 건, 클레어가 우릴 찾아내면 안 되잖아.

형, 그래서 내가 클레어를 죽여버렸어!

재하(월터) *왜! 왜!!*

영우(싱어)의 고백에 미처 달려드는 재하(월터).

분노에 가득 찬 목을 조른다. 캑캑, 숨이 막혀오는 영우(싱어).

이때 바깥에서 들려오는 클레어의 목소리.

간절하게 월터를 찾고 있다.

흠칫 돌아보는 재하(월터).

이때 돌연 재하(월터)를 가격하는 영우(싱어).

메소드

그대로 쓰러지는 월터(재하).

무대 암전된다.

CUT TO

〈ACT 2〉

어둠 속에서 들리는 발자국 소리.

무대 서서히 밝아지면.

다시 의자에 묶여 신음하는 재하(월터).

무대 위에는 목을 걸 밧줄이 내려와 있고

광기 어린 얼굴로 싱어를 연기하는,

싱어이자 영우가 재하의 곁을 맴돌며 중얼거린다.

영우(싱어)　　*형이 나를 사랑하지 않는다는 걸 난*

견딜 수가 없어. 그래서 형이 평생 이 기억을,

나를 벗어나지 못했으면 하는 생각이 들었어.

근데 나도 나갈 방법을 잊어버렸네.

(자조적으로 킬킬대며) 형을 이리로 몰아넣은 건 나야,

나라고. 나야!! 마크가 도와줬어.

왜냐면 마크도 클레어를 사랑하거든.

형, 근데 형도 마크도 왜 클레어만 사랑하는 거야, 왜?

나를 사랑한다고 해놓고 왜!!

(광기에 사로잡혀) 난 아이나 강아지가 싫어.

아무 이유 없이 사랑받는 것들!

세상에는 사랑의 총량이 정해져 있단 말야!

아무렇게나 휙휙 돌아다니던 영우.

이윽고 허탈하게 의자를 딛고 올라선다.

영우(싱어)　여기서 나가면 시체라도 보러 가.

　　　　　형 차 트렁크에 실어놨어.

　　　　　근데… 형이 여기서 나갈 때쯤엔 형이나 나나

　　　　　다 죽어 있을 거야.

재하(월터)　안 돼. *(신음하며)* 하… 안 돼….

영우, 밧줄 뒤의 안전장치를 걸려다가 멈칫.

걸지 않는 영우.

영우(싱어)　잘 살아….

객석의 원호, 하나 둘 셋, 셈을 한다.

의자에서 발을 떼는 영우.

순간 목이 조이며 컥, 하고 괴로움에 발버둥치는 영우와

밧줄이 목에 연결되어 동시에 조이는 재하 역시

숨이 막혀온다.

강하게 밝아지는 조명.

발버둥치는 영우의 발, 점점 강하게 조여오는 밧줄.

재하, 의외의 상황에 버둥대며

영우에게 다가가 온몸으로 떠받친다.

뜻밖의 상황에 당황하는 원호, 그리고 조연출.

원호, 튀어 나간다.

관객들 또한 이 상황이 연극인지, 사고인지

갈피를 잡지 못한다.

영우, 가쁜 숨을 몰아쉬며 자신의 발을 받쳐주는

재하를 내려다보면서,

연극 대사인지, 자신의 말인지 모를 말들을 내뱉는다.

영우(싱어) *날 살리고 싶은 게 아니라…*

형이 살고 싶은 거지? 그렇게 살고 싶어…?

그러니까 왜 나한테 거짓말해…

내가 한마디만 더 하면… 죽어버리겠다고 했잖아.

재하를 밀어내기 위해 발버둥치는 영우.

이내 밧줄이 끊어지며 동시에 쓰러지고.

암전.

CUT TO

재하, 익숙하게 몸을 일으켜 커튼 쪽으로 퇴장하는데

영우가 퇴장을 안 했다.

무대감독의 다급한 무전 소리.

원호가 무대 뒤로 뛰어오고….

원 호   어떻게 된 거야?? (재하에게) 얘, 아직 퇴장 못 한 거야?

재 하   안 나왔다고?

당황하는 재하.

서둘러 다시 어두운 무대로 더듬더듬 나간다.

어둠 속에 쓰러져 있는 영우를 찾아 잡고 흔들어보는데,

미동도 않는 영우.

재 하   불 켜!! 불 켜!

슬며시 디머로 라이트가 들어온다.
영우가 무대 위에 그대로 쓰러져 있다.
웅성거리는 관객들 사이로 희원이 몸을 일으키고…
충격에 휩싸인 객석.

재하는 어쩔 줄을 몰라 얼어붙어 있다.
그때 비실. 약하게 움직이는 영우의 몸.
한참을 토악질하듯 기침을 하다가 씨익 웃는 영우.
비틀비틀 몸을 일으키더니 핏기 없는 얼굴로 관객들을 본다.
재하도 본다.
관객들, 주춤주춤 박수를 치더니 박수가 쏟아진다.
알 수 없는 웃음을 머금고는
먼저 객석을 향해 인사하는 영우.
어안이 벙벙한 얼굴로 따라 인사를 하는 재하.
희원의 존재를 객석에서 발견하고.
객석의 관객들은 영우를 연호하며 하나둘 일어선다.
터지는 기립 박수.

무대 뒤로 들어온 영우와 재하.

영 우 (나지막이) 난 완벽한 싱어였고…

　　　　 당신은 그냥, 마크였네요.

꼼짝하지 못하고 굳어 있는 재하의 손을 잡고
다시 무대로 나가는 영우.
무대 위 두 사람에게 관객들의 환호가 길게 이어지며…
F.O.

#71
극장 앞 / 밤

극장 앞에 주르륵 앉아 기사를 전송하는 기자들.
영우의 완벽 몰입. 아이돌의 변신.
어디까지가 연극이고 어디부터 현실인가.
영우, 내일도 과연 무대에 오를 수 있을 것인가?
각종 타이틀이 전송되고
기자에게 작품을 설명하는 원호의 목소리가 이어지는데….

원 호   제가 작품 제목을 '언체인'으로 정한 이유는요,

결국 인간의 사랑은 개별적인 게 아닌가⋯

연결 고리를 갖고는 있지만

결국 끊어질 수밖에 없는⋯.

영우를 보며 환호하는 팬들의 비명이 들리고,

매니저와 함께 극장 밖으로 나오는 영우.

기자들이 우르르 따라 사진을 찍는다.

원호가 얼른 다가가 영우를 배웅한다.

무표정한 영우, 동굴 같은 밴에 훅, 몸을 싣는다.

#72

밴, 극장, 분장실, 무대 / 밤

어두운 밴 안,

알 수 없는 쓸쓸함에 공허한 영우의 표정 위로.

우두커니 분장실 거울 앞에 앉아 있는 재하.

자신의 얼굴을 보는 것인지,

거울 너머의 자신을 보는 것인지 알 수가 없다.

그러다 재하의 시선에 들어오는…

영우에게 골라주었던 목각 소품 손가락이 뒹구는 것이 보인다.

주워 올리려다… 그대로 일어서는 재하.

빈 객석에 앉아 있는 희원.

피로 얼룩진 무대를 치우는 무대 스태프들.

그런 사이를 뚫고 재하가 나온다.

재하에게 꾸벅 수고하셨다 인사하고는 이내 사라지는.

그런 재하의 눈에 들어오는 객석의 희원.

잠시 서로를 바라본다.

모진 바람이 지나간 듯 적막한 극장 안에 남은 두 사람.

이윽고 희원이 재하를 향해 일어나자,

재하 또한 희원에게 다가온다.

서로를 향해 선 재하와 희원.

희원, 표정 없는 재하의 손을 꽈악, 잡는다.

내일을 기약하듯 극장을 나서는 둘의 모습 뒤로

무대 조명이 툭툭 꺼진다.

메. 소. 드.

#73
에필로그

희원, 빈 캔버스 앞에 앉는다.
선명한 레드 물감을 푸는 희원.

영우, 극장 앞에 선 밴에서 내리자
팬과 기자 들이 몰려든다.
먼저 들어간 영우 뒤로,
재하가 굳건한 표정을 하고서 극장에 들어선다.

〈언체인〉의 포스터가 바람에 흔들린다.

END

* 영화 〈메소드〉는 공연 기획사 콘텐츠 플래닝의 연극 〈언체인〉의 일부를 사용했습니다.

감독 일기

이토록 감사하고
사랑하는
————

#
——

1회 차 – 기적 같은 시작

2017. 6. 4. 일요일. 서울 대학로.

S# 1. 1B. 2. 4. 6. 9. 14.

2016년 겨울, 처음 프로젝트를 제안받고 나서 한 장의 시놉시스를 쓰고, 또 한 편의 시나리오를 완성하기까지 얼마큼의 시간이 지났을까. 정해진 예산과 일정을 조율하며 좌충우돌하는 시간을 보냈고. 원래 계획한 촬영은 5월. 촬영감독, 조명감독, 미술감독…, 다 어렵게 세팅을 했는데 막상 배우가 없었다. 배우가 없는데 팀을 꾸리다니. 나도 김성은 피디도 참

바보다. 그런데 정말 진짜로 일어날까 싶은 기적이 이어졌다. 친한 광고 회사 대표가 안부차 전화를 했는데 박성웅이랑 같이 있다는 거다. 〈맨투맨〉이 한창 방영 중일 때라 박성웅은 스케줄이 안 되겠지 하고 있던 터였는데, 사전 제작이라는 정보! 그길로 당장 김성은 피디가 시나리오를 들고 박성웅한테 갔다. 그리고, 기다렸다. 그리고 전화가 왔다. "시나리오 잘 봤어. 끌리네." 속으로 쾌재를 부르며 웃었다. 그러나 이제부터가 시작. 〈물괴〉 촬영이 남아 있었고 조정해야 하는 스케줄이 만만치 않았다. 첫 미팅 일정이 미뤄진 것이다. 마냥 기다릴 순 없었다. 광주행 기차표를 끊었다. 〈물괴〉 촬영 현장에 가서 박성웅을 만났다. 한창 촬영 중인 현장에서 점심을 함께하며 이런저런 담소 중, 확답을 받았다. "〈메소드〉 캐스팅 보드에 내 사진 붙여봐." 그리고 첫 촬영. 리딩 연습실에 들어오는 재하의 첫 번째 숏이자 영화의 첫 신이다. 〈메소드〉는 그렇게 시작됐다.

#
___

2017. 6. 5. 월요일. 서울 대학로.

S# 16. 22. 23. 32. 34. 38. 40.

박성웅의 사진을 캐스팅 보드에 붙여놓고 영우 역의 배
우를 찾지 못하고 있었다. 여러 배우를 만났는데 아직은 결정
할 수 있는 배우가 없었던 것이다. 그러다 연극 하는 친구라
고 해서 오디션을 보기로 했는데 워낙 프리프로덕션 일정이
빠듯하다보니 아침 10시에 만나기로 했다. 하루 전에 전달한
오디션 대본. 준비할 시간이 없었을 텐데 빼곡하게 적은 노트
가 가득한 오디션 시나리오를 들고 매니저 없이 말간 얼굴의
신인 배우가 혼자 찾아왔다. 자세가 마음에 들었다. 박성웅과
함께 만났다. 그들은 첫눈에 함께 웃었다. 그가 바로 영우 역
을 맡게 된 오승훈이다. 사실 결정하기 전에 나무엑터스 김종
도 대표한테 전화가 한 통 왔었다. 우리 소속사 막내가 〈메소
드〉를 너무 하고 싶어 한다고. 나중에 들어보니 오승훈이 김
종도 대표한테 부탁했다고 하더라. 소속사 들어가고 한 번도
그런 적이 없는데 〈메소드〉가 너무 하고 싶었다고. 그 간절

한 마음이 영우를 오승훈에게 주게 한 걸까? 오승훈은 준비할 시간이 많지 않았음에도 불구하고 첫 촬영부터 너무 잘 따라와줬다. 간절함 이상의 노력이 보였다. 이동 시간을 제외하고 휴차 없는 18회 차의 촬영. 다른 영화와 마찬가지로 배우들의 감정선에 따라 찍을 여력은 없었지만, 최대한 장소와 시간의 변화를 담고 싶었다. 신예 오승훈, 죄다 선배들밖에 없는데다 분량도 많고 현장이 편하진 않았을 거다. 얼마나 긴장이 되고 힘들었을까. 그럼에도 불구하고 모니터를 확인하고 디렉션을 쫓아오는 오승훈에게 감동받는 순간들이 잦아진다. 그런데 오승훈이 자꾸 묻는다. "저 잘하고 있는 거예요?" 넌 내 말을 뭘로 듣는 거니. 잘하고 있는데. 그리고 앞으로도 너는 굉장히 잘할 건데.

#

—

영우에게 키스하는 재하를 목격하는 희원을 촬영하는 날
이다. 희원의 마음이 무너지는 날, 윤승아의 마음도 같이 무너
졌다. 너무 마음이 아프다고 했다. 두 컷 정도 찍었는데 그녀
는 쉽게 마음을 추스르지 못했다. 왜 그러냐고 묻지 않았다.
마음이 너무 힘들구나, 그만큼 희원의 마음을 느끼고 있구나.
아무 말 하지 않고 그냥 꼭 안아주었다. "왜 저였어요?" 윤승
아가 카톡으로 슬며시 물었다. 윤승아는 시나리오가 채 완성
되기 전에 한 장의 시놉시스 단계에서 만났다. 그녀의 열정과
열망을 봤다. 이제껏 본인이 안 해본 역할이기도 했고, 이 이
야기에 굉장히 공감하고 매료되어 있었다. 계속 변경되는 일
정에도 불구하고 묵묵히 기다려줬다. 심지어 정해져 있던 자
신의 스케줄을 포기하면서까지. 본인이 미술을 전공해서 희
원이 화가라는 것에 대한 호감도도 높았다. 붓 터치 하나를
해도 굉장히 자기 것처럼 하겠구나 싶었고, 실제로 그랬다. 내

가 그녀에게 요구한 건 하나다. "너의 목소리를 내라." 대중은 윤승아 하면 발랄한 이미지를 떠올릴지 모르겠지만, 사실 그녀의 목소리는 그녀를 빼닮았다. 참 매력적이다. 꾸밈없는 차분한 목소리. 그렇게 윤승아는 〈메소드〉 속 희원으로 살았다.

#

4회 차 – 대학로의 분위기

2017. 6. 8. 목요일. 서울 대학로.

S# 1. 1A. 3. 7. 15. 24. 25. 38. 59.

대학로에서 4회 차 촬영일. 오늘 첫 신은 자전거를 타고 연습실로 향하는 재하다. 영화 속에서의 첫 장면, 재하의 첫 등장이었다. 대학로가 터전이었던 그에게 얼마나 익숙한 공간일까. 그리고 나에게도 대학로는 의미가 많은 공간이다. 이곳에서 연극을 하며 연기를 시작했고 숱한 낮과 밤을 보냈다. 예전에 연극을 하던 당시에는 일부러 한 해에 네 편까지 미친 듯이 한 적도 있었는데 어떤 게 연기고 어떤 게 현실인지 잘 모르겠는 그런 기분에 빠지곤 했다. 작품에 몰입하다보면 나도 모르게 주변 사람들에게 상처를 주기도 하고. 어떤 게 진짜 나인지 헷갈렸던 경험 또한 있다. 그 경험이 〈메소드〉를 만들 수 있게 했던 것은 아닐까. 아니 그런 질문은 꽤나 받을 질문이란 것을 예감했다. 본향이 연극배우인 한 영화감독의 영화이기에. 박성웅도 정말 오랜만에 대학로에 왔다며 옛 기억을 많이 떠올리는 눈치였다. 오승훈은 지금 대학로에서 연극을 하고 있으니 더 말할 것도 없고. 대학로에서 연극이 아닌 영화를 촬영하는 기분은 오래 살던 집에 다시 세들어 살게 된 그런 정겹고도 알싸한 기분이었다. 모든 거리들이 아무리 상호와 업종이 바뀌었어도 낯설지 않았다. 영화에는 공간이 주는 기운이라는 게 있다. 〈메소드〉에는 당연히 대학로가 전하는 기운이 고스란히 담겨 있다. 공간이 주는 현실감이 영화에서 빚어내는 힘은 생각보다 훨씬 크다.

#
___

2017. 6. 11. 일요일. 서울 대학로, 논현동.

S# 27. 28.

대학로 술집 '틈' 촬영이 있는 날. 틈에서의 촬영을 고집한 건 오랫동안 연극의 체취가 묻어 있는 곳이기 때문이었다. 연극계의 정취가 느껴지려면 연극하는 이들이 노는 공간으로 가는 게 맞으니까. 흔쾌히 특별 출연을 승낙해준 이달형에게 기타 연주를 주문한 것도 평소 틈의 분위기를 그대로 담고 싶어서였다. 그러고 보니 전체 배우들이 한 신에 들어오는 날이었다. 급한 캐스팅 과정은 재하와 영우뿐 아니라 원호도 마찬가지였다. 류태호 선배님은 내가 연극을 할 때부터 대학로에서 너무 유명한 연기 잘하는 선배님이었다. 그리고 지금 살고 있는 북한산 자락으로 나를 인도한, 개인적으로도 아주 가까운. 나는 선배님의 10년 공백을 깨고 〈집으로 가는 길〉에서 영사 역할을 맡기기도 했었다. 굉장히 탄성이 좋은 배우고 경력이 오래됐기 때문에 현장에서 후배를 대하는 배려가 남다른 분이다. 급하게 전화를 드렸다. 원래 원호 역에 생각한 배우가 있었는데 아무래도 빠듯한 현장이다보니 노련하게 현장을 이끌어줄 배우가 절실했다. 선배님과는 흉허물 없는 사이였다. 모든 것을 솔직히 말씀드렸고 선배님은 한달음에 제주에서 올라와주었다. 실제로 연출을 많이 해보시기도 했고, 결과적으로 〈메소드〉에서 연출로서의 연기를 정말 훌륭하게, 과하지도 모자라지도 않게 해주셔서 감사했다. 말 그대로 천군만마!

#
___

6회 차 – 내 연기의 교과서

2017. 6. 12. 월요일. 서울 동묘시장.

S# 16. 16A. 17.

시장으로 소품을 찾으러 나선 재하를 따르는 영우. 그런데 항상 재하 곁엔 희원이 있다. 영우는 그 둘이 쌓아온 견고한 시간과 공간에 함께하고 싶다는 열망이 타오르기 시작했을 것이다. 재하에게 받은 피터 브룩의 책《열린 문》을 읽고 있단 걸 보여주고 싶었던 것도 그 때문이다. 실제로 영화 속에 등장하는 피터 브룩의 책《열린 문》은 내 책이다. 1980년대 판본일 거다. 책에 묻어 있는 오래된 흔적은 나와 함께한 시간이다. 배우의 이야기를 해야겠다 하여 책꽂이를 들여다보다 망설임 없이 꺼내 들었던 책이다. 연기를 시작하면서 나한테 가장 많은 영향을 준 사람이 피터 브룩이다. 소품으로 사용하려고 책을 훑어보는데 다시 봐도 정말 주옥같은 말들로 가득했다. 개인적으로는 피터 브룩의《열린 문》보다《빈 공간》이 더 강력하긴 한데. 영우에게 전하기엔《열린 문》의 문구들이 더 잘 맞을 것 같다는 판단이 섰다.《열린 문》말고도 재하의 서재에 채워진 책 대부분이 나의 책이다. 서울에서 광주까지 작품을 따라 책이 여행을 떠난 셈이다.

#
___

2017. 6. 14. 수요일. 강원도 동해.

S# 50, 53, 55, 56, 57, 57A

서울에서 한 차례 촬영을 마치고 바로 동해로 향했다. 빠
듯한 회차에는 이동을 최소화하는 게 맞지만 동해를 포기할
순 없었다. 일탈 하면 무조건 동해 아닌가. 탁 트인 바다에서
서핑하는 두 남자의 모습을 담고 싶었다. 원래 12일 밤에 서울
에서 이동해 13일 오전부터 바로 촬영하는 일정이었는데 비
가 내렸다. 바다 신을 하루 종일 통으로 찍어야 하는데 비가
오다니. 설상가상 제작부가 챙긴 패딩이 신의 한 수가 될 정
도로 한겨울처럼 기온이 뚝 떨어졌다. 어떻게 해야 하나 싶었
는데 다행히 박성웅의 다른 촬영이 취소되면서 하루의 휴식
이 주어졌다. 고맙게도 촬영 헌팅을 도와준 강원영상위원회
에서 응원차 회식 자리를 마련해줬다. 쉼 없이 달려온 모두에
게 꿀 같은 쉼표였다. 그리고 다음 날 언제 비가 왔냐는 듯이
날씨가 맑았다. 영화가 잘되려나. 날씨까지 따라주는 현장이
었다. 덕분에 재하와 영우의 행복한 일탈을 즐겁게 촬영할 수

있었다. 그리고 이어진 재하를 향한 희원의 폭발…, 몰아치는 파도를 감내하며 희원의 아픔을, 슬픔을 토로하는 윤승아의 연기에 울컥했다. 힘든 연기를 진심으로 보여준 그녀가 대견했다. 힘들었을 그녀를 응원하러 깜짝 등장한 김무열 공도 컸다. 그리고 아, 그 맛있었던 핫도그. 촬영은 밤까지 이어졌고, 따뜻하게 촬영이 마무리됐다. 붉게 물들어가는 바다를 한참 동안 바라보았다.

#
___

8회 차 – 인연이 닿은 도시

2017. 6. 15. 목요일. 전라남도 광주.

S# 13. 29. 54.

〈메소드〉를 구상할 때 가장 중요한 장소 중 하나가 재하와 희원의 집이었다. 〈메소드〉가 배우들의 메소드 연기에 대한 진위를 논하는 영화라 하더라도 그 시작은 멜로니까. 공간이 주는 아름다움이 있는 곳이 절실했다. 작년 겨울 광주 국

립아시아문화전당에서 특강을 하고 전찬일 프로그래머가 추천한 붉은 벽돌로 지은 아름다운 게스트 하우스에 머문 적이 있다. 그 인연으로 헌팅에 성공했고, 그렇게 게스트 하우스가 재하와 희원의 집이 되었다. 허우 샤오시엔 감독도 머물렀던 곳이라던데 처음 집을 보자마자 마음에 쏙 들었다. 언제가 멜로 영화를 찍는다면 꼭 이곳에서 찍어야겠다 다짐해둔 터였다. 빠듯한 일정에서 지방 로케이션을 감행하는 게 맞나 꽤나 고민을 하기도 했지만, 이 집을 포기할 수 없어 광주 일정을 강행했다. 세트를 지을 수 있는 상황이 아니었으므로 더더욱 공간이 원래 지닌 기운이 중요했다. 아파트는 지양했고, 세월감이 느껴지는 단독 주택. 붉은 벽돌이 품은 익숙하면서도 따뜻한 기운이 좋았다. 촬영을 진행할수록 훨씬 더 우리 영화에 맞는 공간이란 생각이 들었다. 그렇게 광주는 소중한 인연이었다.

#

––

9회 차 - 체력과의 싸움

2017. 6. 16. 금요일. 전라남도 광주.

S# 21. 48. 65. 67.

본격적인 광주 촬영이 시작되었다. 날씨가 만만치 않았다. 강행군 촬영인 만큼 체력 관리를 잘 해야지 다짐했지만 쉽진 않았다. 게다가 동해 장소 헌팅을 갔다가 생긴 상처가 문제였다. 크랭크 인 하고 주말에 동해로 헌팅을 갔다가 오른쪽 발등이 찢어졌었다. 속초 병원에 가서 여섯 바늘을 꿰매야 했다. 엎친 데 덮친 격으로 항생제를 맞았는데 하필 알레르기가 있는 성분이 들어 있었던 거다. 빨리 촬영 준비하러 가야 하는데 병원에선 절대 보내줄 수 없다고 붙잡고…, 그 와중에 상처 사진을 찍어서 분장 실장한테 보냈다. 영화에 들어가진 않았지만 종이에 손이 베이는 장면을 찍을 계획이었던지라 레퍼런스 삼으면 좋겠다는 생각부터 들었다. 아픈 것보다 영화가 먼저였다. 그러곤 괜찮을 줄 알았는데 결국 다시 상처가 문제가 됐다. 속초 병원에서 꿰매고 광주 병원에서 치료하고 본격적인 맨발 연출이 시작됐다. 상처가 발등이다 보니 신발을 제대로 신을 수가 없었다. 현장에선 언제나 가장 비호 같은 감독이 절룩거리며 다니는 상황이 연출되어버린 것이다. 영화 촬영하면서 체력이 떨어지면 큰일이다. 촬영에 대비해 단단하게 마음먹고 체질 개선을 시작하면서 음식을 가려 먹다 보니 현장에서 먹을 수 있는 음식이 많지 않아 우리 제작부에게 일을 더 얹어준 꼴이 되어버렸다. 게다가 상처 치료 때문에 술도 못 마시고! 영화는 체력 싸움이란 걸 다시 한번 뼈저리게 느낀다. 발등에 남은 흉터는 성미 급한 감독에게 작은 경종처럼 지금도 선명하다.

#
——

10회 차 — 한 신, 한 신, 차분하게

2017. 6. 17. 토요일. 전라남도 광주.

S# 18. 18A. 20. 30. 31. 44. 45. 48.

총 73신을 18회 차에 찍었으니 하루에 찍어야 하는 분량이 많을 수밖에 없었다. 이날 촬영도 총 7신. 하지만 신이 많다고 해서 시간에 쫓기거나 빨리 찍어야 한다는 강박은 없었다. 우선 마음이 급해지면 놓치는 게 많아지는 법이다. 〈집으로 가는 길〉을 촬영하며 살인적인 현장을 경험했다. 도미니카 공화국에서의 모든 촬영은 시간 제약이 분 단위로 쪼개져 있었다. 프랑스 오를리 공항은 또 어떻고. 그 넓은 오를리 공항을 비행기 이착륙 시간에 맞춰 동분서주 뛰어다닌 기억이 아직도 생생하다. 경험을 통한 단련이었다. 원활한 촬영을 위해 애초에 김형석 촬영감독과 A캠, B캠을 동시에 찍기로 결정했다. 워낙에 감각도 속도도 좋은 감독이라서 현장에서 많은 의지가 됐다. 한 신, 한 신, 차분하게 촬영해나갔다. 우리 현장은 정말 이상한 열정이 시종일관 존재했다. 모든 영화가 공동 작업이긴 하지만 이 작품은 특히나 각 분야 스태프들이 자기 분야 이상의 것을 척척 알아서 나눠 가졌다. 고마운 마음이 쌓여만 갔다.

#

___

11회 차 – 18번의 촬영, 5번의 회식

2017. 6. 18. 일요일. 전라남도 광주.

S# 36. 37. 42. 43. 64. 64A. 64B. 67.

"23일, 18번의 촬영, 2번의 이동, 5번의 회식" 촬영을 마치고 〈메소드〉 팀의 자랑 문구가 되어버린 이 숫자들. 6월 4일부터 26일까지 23일 동안 18회 차 촬영을 마무리했다. 서울에서 동해로, 동해에서 광주로, 광주에서 다시 서울로. 휴차 거의 없이 달리는 와중에도 회식은 멈추지 않았다. 촬영을 시작하자마자 스태프들을 단합시켜준 박성웅을 시작으로, 쉴 틈 없이 진행된 광주 촬영의 고단함을 말끔히 씻어준 윤승아까지 주연 배우들의 사기 충전 회식 덕에 짬짬이 우리는 얼굴을 확인하고 결의도 다졌다. 함께 힘을 낼 수 있는 순간이 계속됐다. 빠듯한 예산에 넉넉하지 않은 현장이었지만 회식의 힘으로 스태프들은 영양 보충을, 나는 미안함을 달랬다. "힘들어서 회식 못 하겠다."는 우스갯소리가 들렸던 현장. 자고로 모든 정신적 육체적 노동에는 잘 먹는 게 우선임을!

#
___

12회 차 - 우렁각시 스태프

2017. 6. 19. 월요일. 전라남도 광주.

S# 10. 11. 12. 19. 19A. 47. 54.

촬영도 어느덧 중반을 지나가고 있었다. 처음 팀을 꾸릴
때부터 의지가 많이 됐지만, 촬영이 진행될수록 더더욱 고마움
이 커지는 이들은 바로 김형석 촬영감독, 김호성 조명감독, 이
내경 미술감독. 모두 어찌나 손이 빠른지. 신 하나가 끝나면 후
다닥 철수해서 후다닥 세팅하고. 모두가 잠든 시간에 모든 게
세팅되어 있었다. 마치 우렁각시처럼. 그 모습이 참으로 든든
하고 소소한 웃음을 주었다. 급하게 캐스팅이 완료되어 빠듯한
일정에도 불구하고 각 인물마다 스무 벌에 달하는 의상을 준비
해준 유세희 의상실장의 빠른 손도 빼놓을 수 없다. 척하면 척,
내 마음도 배우들의 마음도 단번에 알아채고 정성을 다해준
계선미 분장실장도. 현장을 지탱하는 스태프 모두 어떻게 퍼
즐 맞추듯 절묘하게 〈메소드〉의 현장에 오게 되었는지 기적 같
단 생각을 한다. 시놉시스 한 장만 보고 오케이 사인을 보낸 이
도 있고, 시나리오도 없이 헌팅부터 함께해준 이들도 있고, 다

른 작품을 끝내자마자 달려온 이도 있고, 스승의 날 행사 하다
가 차출된 나의 제자 이재승 제작부장도 있고, 합류한 타이밍
도 사연도 모두 달랐다. 그럼에도 불구하고 김성은 피디를 시
작으로 제작부, 연출부, 촬영, 조명, 미술, 의상, 분장 등 모든 팀,
모든 것이 좋았다. 약수동 작은 사무실에서 버글거리며 오디션
을 보고 콘티 작업을 하고 프리프로덕션을 꾸렸던 치열했던 시
간이 마음에 머문다.

#
—

13회 차 – 이토록 뜨거운 블루
2017. 6. 21. 수요일. 전라남도 광주.
S# 5. 5A. 8. 35. 49. 51. 73.

하루 종일 희원의 작업실에서 촬영이 있는 날이다. 애초
에 희원의 이름은 서은이었지만 한희원 작가의 이름을 그대
로 따서 바꾸었다. 희원이 이별을 아쉬워하며 한참을 바라보
는 그 그림 '푸른 매화'를 처음 본 순간 마음을 뺏겼다. 광주에

서 활동하는 한희원 작가는 재하와 희원의 집을 촬영한 양림동 출신 화가다. 희원의 직업을 화가로 설정한 순간부터 한희원 작가의 작품을 떠올렸고, '낡은 정미소', '사랑', '생의 꽃', '신뢰의 마을' 등 귀한 작품을 흔쾌히 내어준 덕분에 영화에 아름다운 색을 입힐 수 있었다. 희원이란 인물을 설정할 때 자신만의 예술 세계가 있는 세련되고 아름다우며 주체적인 삶이 있는 여자를 생각했다. 그리고 그녀에게 부여한 컬러가 '블루'였다. 투명하고 맑고 깊은 푸른빛의 세상을 추구하는, 재하를 사랑하는 여자. 그런 희원의 세상에 영우가 들이닥친다. 잔인한 '레드'와 투명한 '블루', 〈메소드〉를 상징하는 두 가지 컬러가 부딪히고 갈등하고 섞이면서 결국 어떤 색을 만들어낼까.

# #

14회 차 – 서로 웃었으면 좋겠다

2017. 6. 22. 목요일. 전라남도 광주.

S# 46.

    광주의 마지막 촬영, 그리고 재하와 영우의 키스 신만 남았다. 이미 한 차례 극장에서의 키스 신을 찍고 난 다음이었지만 또 다른 감정과 긴장이 촬영장을 장악하고 있었다. 극장에서의 키스 신은 아직 영우를 향한 감정이 혼란스러운 재하 앞에 영우가 다가가는 신이다. 창고 키스 신은 다르다. 결국 "미쳤구나."라고 하면서 재하가 영우에게 다가간다. 게다가 재하가 영우를 데려간 공간은 희원의 작업실, 긴장감을 조성하기 위한 의도적인 설정이었다. 배우들에게 어떤 디테일한 디렉션을 주기보다 "너희들이 찾아."라고 말했다. 박성웅이 그런 말을 했다. "재하에겐 첫사랑 같은 마음이 아니었을까. 어떻게 다가가야 할지 몰라서 어쩔 줄 모르는 그런 감정." 망설여졌을 거다. 그 감정으로 배우들이 끌고 나가는 게 옳다고 생각했다. 영우가 어쩔 줄 몰라 하는 재하를 향해 "형이 좋은 건데."라고 하는 순간 재하가 다가갈 거란 예상이 있었다.

영우는 그런 재하를 향한 감정을 솔직히 드러내고. 박성웅과 오승훈이 내린 결론은 "서로 마주 보고 웃었으면 좋겠다."였다. 전적으로 배우들이 찾은 디테일이었다. 백 퍼센트 동의했다. 감정의 파동이 살아야 하는 어려운 장면이었지만 아름답게 완성될 수 있었던 건 배우들 덕분이다. 나는 아무런 디렉션 없이 한참 동안 모니터를 바라보고만 있었다.

#
—

15회 차 – 연극을 찍어야 한다
2017. 6. 23. 금요일. 서울 대학로.
S# 60. 61. 66. 68. 69.

다시 대학로. 결의를 다져야 하는 촬영이 시작됐다. 처음엔 무대가 아닌 연습실 안에서 영화의 클라이맥스 부분을 해결해야 하나 고민도 했다. 하지만 결론은 '진짜 연극을 찍어야 한다'였다. 〈메소드〉에서 〈언체인〉의 무대를, 재하와 영우의 연기를 보여주는 것이 옳다고 판단했다. 곧장 대학로에 촬영이 가능한 극장을 수소문했고 여러 고민 끝에 드림아트센터로 결정했다. 객석 의자의 빨간색이 마음에 들었고 극장 밖 복도 공간도 촬영에 활용할 수 있을 것 같았다. 애초에 스케줄을 정리할 때부터 무조건 연극 신은 마지막에 찍어야 한다고 정했다. 모든 인물이 캐릭터의 감정에 가장 젖어 있을 때 찍어야 했다. 배우들이 그렇게 연극을 준비하는 동안 나는 연극을 어떻게 찍을지 계속 고민했다. 김형석 촬영감독과 많은 의논을 했고 결론은 배우를 보여주자는 것이었다. 연극을 어떻게 찍을 것이냐가 아니라 배우의 감정을 어떻게 찍을 것이냐에 집중하기로 한 것이다. 〈메소드〉는 사건보다 감정을 따라가는 영화니까. 그래서 좌우로 흔들리는 카메라 워크가 나왔다. 촬영감독의 세밀한 판단이기도 했고 촬영부의 멋진 결과물이기도 했다. 그렇게 〈메소드〉의 클라이맥스를 얻어냈다. 그냥 멋을 부려서 찍은 게 아니다. 요동치는 인물의 감정을 좇은 결과다. 배우의 카리스마나 감정의 동요를 무심하게 구사해냈다는 것에 만족했다.

#
——

16회 차 – 공연을 완벽하게 해주셨습니다

2017. 6. 24. 토요일. 서울 대학로.

S# 70. 70A. 70B.

무대 위 촬영이 계속됐다. 연극 장면의 촬영을 위해 연극
에서 활동 중인 김정 연출을 섭외했다. 실제 연극을 위한 기
본적인 기술 세팅을 해주었고, 이를 바탕으로 우리 스태프들
이 연극을 촬영하기 위한 세팅을 더해갔다. 〈언체인〉의 마크
와 월터는 감정적으로도 육체적으로도 배우에게 가혹한 인물
이다. 박성웅도 오승훈도 고심한 흔적이 묻어났고, 촬영한 결
과도 만족스러웠다. 모두가 클라이맥스로 향하기 위해 각자
의 역할을 제대로 하고 있다는 걸 느낄 수 있었다. 다행이다.
정말, 다행이다. 속으로 여러 번 되뇌었다. 그렇게 되뇌고 나
니 다시 선택의 순간이 찾아왔다. 음악을 넣을지 말지 음악감
독과 많은 논의를 했고, 이젠 정말 선택을 해야 하는 시기가
찾아왔다. 음악감독에게 작곡을 의뢰했다. 철저히 메소드 연
기를 한다고 하는 한 배우가 무너지고, 연기를 못하던 한 배
우가 메소드 연기로 훅 일어나는 모습. 마치 시소처럼 훅 딛

　　　　　　　　　　　　　　　메소드

고 일어나는 그 모습을 공연이라는 클라이맥스를 통해 보여주고 싶다는 마음을 담아. 그리고 김준성 음악감독에게 음악을 받았고, 그에게 답 문자를 보냈다. "공연을 완벽하게 해주셨습니다."

#
___

17회 차 – 도망치고 싶은 날
2017. 6. 25. 일요일. 서울 대학로.
S# 70B. 72.

특수효과팀을 동반한 와이어 촬영이 있고 100명이 넘는 보조 출연에 매체 현장 취재까지 있는 날이었다. 어떤 중압감이 밀려온 걸까. 어쩐지 도망치고 싶은 날이었다. 돌아보면 여고 시절 학교 출석도 열심히 안 하던 학생이었는데, 촬영 현장이라면 어쩜 그렇게 내달렸는지…. 쉼 없이 달려온 촬영에 무던히도 지쳐 있었던 것 같다. 살다보면 그대로 주저앉아버릴 때도 있다. 무책임해지는 때도 있다. 하지만 이 현장은 아니다. 미안한 마음에 촬영장으로 달려갔다. 큰 소리로 몇 번이고 사과를 하고 '정신 바짝 차리자' 계속 되뇌었다. 와이어 촬영이 처음인 오승훈의 긴장을 풀어주려다 본의 아니게 몸 개그를 해서 현장에 웃음이 터졌다. 스태프들의 웃음에 무거웠던 마음이 조금 잦아들었다. 덕분에 오후부터 객석을 가득 채워준 관객들을 반갑게 맞이할 수 있었다. 전문 엑스트라로 채울 여력이 없어서 서울예대, 성신여대 제자들을 시작으로 스태프 지인들, 연극 영화 동아리 학생들, 채널CGV, ㈜엣나인필름 직원들까지 총동원. 북적이는 사람들 속에서 동선을 체크하고 촬영을 진행하다보니 결국 현장의 한복판에 서 있는 나를 발견했다. 도망치고 싶은 날, 도망치지 않고 현장을 지켰다. 이 영화를 위해 기꺼이 객석을 가득 채워준 고마운 그 마음들을 기억한다.

메소드

#

18회 차 – 오로지 진실할 뿐이다

2017. 6. 26. 월요일. 서울 대학로.

S# 58. 61. 62. 63. 71. 73A. 73B.

　18회 차 촬영이 끝났다. 그렇게 눈물이 터져 나올지 몰랐다. 기존에 작업했던 상업 영화 시스템과는 전혀 다른 작업이었다. 연출과 제작까지 맡은 상황에서 모든 일을 세세하게 다 챙겨야 하는 상황이었다. 처음 경험하는 일이라 어려웠고, 그래서 혹독하게 배웠다. 그 배움에 사람들이 있었다. 촬영이 끝나고 스태프들에게 짧은 소회를 전했다. 시작부터 끝까지 함께해준 이들의 이름을 하나하나 적었다. 그리고 마음을 전했다. "우리는 한 편의 영화를 함께했습니다. 각자의 영역에서 열정과 기쁨을 가지고. 화나고 안타깝고 아쉬운 순간들도 있었겠지만 가장 중요한 건 영화를 했다는 것입니다. 그것을 기억하기로 해요. 매 순간 어느 곳을 돌아봐도 그 열정을 가지고 일하던 우리들, 당신들의 빛나던 순간들을 가슴에 새기고 더 나은 현장에서 뛰게 될 당신들을 깊이 존경합니다. 무한 감사합니다. 무한 사랑합니다." 이토록 감사하고 사랑하는 사람들과 함께 촬영한 영화를 세공하는 건 나의 몫이다. 영화의 끝에서 시작을 생각했다. 연기론에 대한 의미 있는 문장이 있으면 좋겠다는 생각이 밀려왔다. 그리고 찾았다. "I always tell the truth. Even when I lie." 알 파치노의 이 강렬하고 명확한 말이 〈메소드〉의 시작에 어울릴 거란 확신이 들었고, 여러 번 고쳐 번역하는 시간을 보냈다. 그리고 "나는 진실만을 말한다. 그것이 거짓일지라도." "진실해야만 한다. 거짓을 말하는 순간조차도." "배우는 진실해야만 한다. 설혹 그 말이 거짓일지라도." "다만 진실할 뿐이다. 거짓을 말해야 할 순간조차도." "진실을 연기해야만 한다. 거짓을 말해야 하는 순간일지라도." 그렇게 고치기를 거듭하다 다다른 이 문장이 〈메소드〉의 오프닝이 되었다. "오로지 진실할 뿐이다. 거짓을 말할 때조차도."

#

배우의 말

박성웅,
연기에 미치다

―――――

"시작은 도전이었고, 끝은 사랑이었다."

"도전하고 싶었다."

생각지 못한 시기에 갑자기 찾아온 영화 〈메소드〉 시나리오. 박성웅이 출연을 결심하기까지 걸린 시간은 단 이틀이었다. 영화의 제목 그대로 메소드 연기를 하는 배우 '재하'는 연극 〈언체인〉에 캐스팅된 상대 배우 '영우'에게 미묘한 감정이 생기며 혼란스러워하는 인물. 이제껏 박성웅이 대중에게 보여준 강렬한 이미지와는 정반대 지점에 있는 인물이다. 하지만 '할 수 있을까?' 스스로 질문을 던지고 나니 '와이 낫? 한번 미쳐보자.'라는 결심이 들었다. 박성웅이 〈메소드〉에 제대로 미칠 준비를 마친 순간이었다.

"주로 남성 중심의 영화에 많이 출연하지 않았나. 박성웅이 이런 연기를 할 수 있을까 질문하는 사람들에게 제대로 보여주고 싶다는 욕심도 생기고, 내가 가진 자연스럽고 부드러운 면모를 보여줄 수 있을 거란 기대가 있었다. 출연을 결정하고 촬영에 들어가기까지 시간이 촉박했지만, 오히려 재하라는 인물에 빨리 몰입할 수 있지 않았나 싶다."

박성웅은 재하가 되기 위해 '연기를 한다는 것'에 대한 고민을 멈추지 않았고, 재하가 영우에게 빠져드는 그 마음을 헤아리기 위해 애썼다.

"재하는 오랫동안 메소드 연기를 해온 배우다. 애송이 같다고 무시하던 영우가 점점 인물에 빠져가는 모습에 감정이 움직였을 거다. 궁금하고, 낯설고, 빠져들고…. 그 감정의 변화를 상황에 맞게 표현하는 데 집중을 했다. 결국 나는 이 친구를 '사랑한다'는 마음을 계속 되뇌었지. 재하에게 영우는 어쩌면 나른한 봄날의 긴 꿈같은 존재가 아니었을까."

18회 차에 모든 촬영을 마쳐야 하는 만큼 박성웅이 짊어져야 하는 몫이 많은 현장이었다. 그럼에도 불구하고 그에게 〈메소드〉는 헤어짐이 아쉬운 영화로 남았다.

"한 달이 채 안 되는 기간 동안 쉼 없이 촬영했다. 배우 스태프 한 명도 빠짐없이 이 영화를 위해 마음을 다하고 있음이 느껴졌다. 그 마음이 닿았는지 날씨까지 따라와주더라. 20년 넘게 많은 현장을 경험했지만 유독 〈메소드〉는 마음에 많이 남는다. 벌써부터 그립고, 애잔하다."

치열하게 미쳐서 연기한 만큼 박성웅에게 〈메소드〉는 "연기 인생의 새로운 1막을 생각하게끔 하는 영화"가 되었다. 영화를 세상에 내놓은 지금 "미치길 잘 했다."라고 자신 있게 말할 수 있을 정도다.

대사 한 줄, 하나의 배역을 따내기 위해 무던히도 애썼던 시절을 지나 지금에 이르기까지, 배우 박성웅을 연기하게 하는 원동력은 그가 배우로 쌓아온 모든 시간이다. 그는 그 시간과 함께한 인연의 힘을 믿는다.

"〈메소드〉로 맺은 인연이 참 소중하고, 재하를 연기하며 배우로서 더 도전할 수 있다는 것을 배웠다. 그리고 무엇보다 여전히 연기가 재미있다는 것을 누차 확인했다. 지금도 연기가 재미있고, 앞으로도 재미있을 거다. 그래서 계속 도전을 하는 것 같다. 〈메소드〉처럼. 카메라 앞에 서는 게 두려웠던 시절도 있었지만, 이젠 카메라 앞이 더 편하다. 빨리 현장에 뛰어 들어가 연기하고 싶다. 나에게 영화를 한다는 건 인생 그 자체니까."

온전히 영화의 삶을 살고 있는 그에게 영화 〈메소드〉의

의미를 묻자 진심을 담은 대답이 튀어나온다. "시작은 도전이었고, 끝은 사랑이었다." 연기에 제대로 미쳐본 배우만이 지을 수 있는 의미심장한 미소와 함께.

메소드

윤승아,
진심을 더하다

————

"깨지 않는 긴 꿈을 꾼 것 같다."

"믿음이 있었다."

윤승아를 〈메소드〉로 이끈 건 방은진 감독을 향한 단단한 믿음이었다. 시나리오가 완성되기도 전에 방은진 감독을 만났고, 그 만남은 영화 〈메소드〉를 선택하기에 부족함이 없었다.

"감독이자 배우로서 열렬한 팬이었다. 영화를 찍기 전부터 존경의 마음이 컸고, 영화를 찍고 나니 그 마음이 더욱 커졌다."

윤승아가 〈메소드〉에서 맡은 '희원'은 메소드 연기에 빠져 있는 배우 재하의 오래된 연인. 작품에 들어갈 때마다 자신을 외롭게 하는 재하 때문에 감정의 변화를 겪는 희원이란 인물이 욕심났다.

"희원과 닮은 점이 많이 느껴졌다. 미술을 전공하기도 했고, 희원이 품은 슬픔이 마음에 많이 와 닿았다. 그 섬세한 감정의 변화를 연기하고 싶었다."

윤승아는 촬영 전부터 희원의 마음을 헤아리려 노력했고, 그 노력 덕분에 영화 촬영 내내 희원으로 살았다. 방은진 감독이 "〈메소드〉란 영화 안에서 가장 메소드 연기를 한 배우는 윤승아"라고 칭찬할 정도. 희원을 연기하며 예상치 못한 감정에 휩쓸렸을 때 달려와 그녀를 꼬옥 안아준 것도 방은진 감독이다. 그런 방은진 감독이 윤승아에게 가장 많이 던진 질문은 "희원이라면 어떻게 행동할까?"였다. 그 질문을 여러 번 곱씹으며 윤승아만의 답을 찾았고, 그 과정을 통해 희원이란 인물이 탄생할 수 있었다.

"내가 생각한 희원은 굉장히 외로운 사람이었다. 재하를 사랑하지만 그래서 재하에게 상처받는 인물. 첫 촬영이 영우에게 흔들리는 재하를 목격하는 장면이었는데, 실제로 그 현장을 목격하니 마음이 무너져 내리더라. 절로 눈물이 펑펑 쏟아졌는데, 그 슬픔이 촬영 내내 이어졌다."

섬세하고 예민한 감정을 이어가야 하는 만큼 타이트한

촬영 현장은 윤승아에게 만만치 않은 도전이었다. 그럼에도 불구하고 희원만을 생각하고 바라보며 버텼다. 현장에서 함께 있는 재하와 영우를 바라보는 것만으로 마음이 아파올 정도로 집중했다.

"희원은 재하와 영우가 자신들의 감정을 인지하기 전부터 둘의 감정을 눈치챈다. 항상 재하를 바라보는 장면이 많았는데 그 상황에 최대한 집중하려고 노력했다. 박성웅 선배님이 '눈앞의 상황을 그대로 받아들여보라'고 조언해주셨는데, 도움이 많이 됐다. 실제로 두 배우의 연기를 보면서 질투가 나기도 했다."

윤승아에게 〈메소드〉는 슬픈 사랑 이야기다. 세 남녀의 감정을 담은 대사 하나하나가 그녀의 마음을 움직였고, 그 마음을 진심으로 이해하고 헤아려 희원을 연기했다.

"재하가 연기에 빠져 흔들릴 때마다 곁에 있는 건 희원이지 않나. 깊은 슬픔 속에서도 희원은 두 남자가 느끼는 열병 같은 감정의 중심을 잡아주는 냉정한 역할을 맡아야만 했다. 어려운 과제였지만 잘 해내고 싶었다."

윤승아는 희원을 통해 배우로서 한 발 더 나아가고 싶다는 욕심이 생겼다.

"배우로서 고민이 많은 시기에 〈메소드〉를 만났다. 윤승아라는 사람을 좀 더 보여주고 싶다는 마음이 컸다. 그 마음을 알아준 방은진 감독님 덕분에 어쩌면 나도 몰랐던 나의 모습을 끄집어낼 수 있지 않았나 싶다."

덕분에 배우를 향한, 그리고 〈메소드〉를 향한 윤승아의 진심이 회원에게 닿았다. "깨지 않는 긴 꿈"처럼 다가온 이 영화를 통해 배우 윤승아의 몰랐던 얼굴을 보았다.

오승훈,
열정을 태우다
———————

"잘하고 싶었고 잘해야 했다."

"연기하고 싶었다."

오승훈은 〈메소드〉 시나리오를 받자마자 흥분을 감추지 못했다. 오디션을 통과했다는 벅찬 마음을 넘어 이야기와 인물이 너무 매력적으로 다가왔기 때문이다.

"오디션을 위해 열 장 남짓의 시나리오를 받았을 때도 긴장보다 욕심이 앞섰다. 보통 이걸 어떻게 다 외우지 걱정부터 하기 마련인데 〈메소드〉는 달랐다. 너무 재미있어서 빨리 연기하고 싶다는 마음이 컸다. 이 안에서 많이 배울 수 있을 거란 확신이 있었는데, 전체 시나리오를 받고 나니 더 흥분되더라."

오승훈을 이토록 흥분하게 만든 건 일거수일투족 모든

메소드

생활이 대중에 노출된 아이돌 스타 영우. 억지로 떠밀려 출연하게 된 연극 〈언체인〉에서 만난 배우 재하에게 끌리며 감정의 변화를 겪는 인물이다.

"내가 본 영우는 예민하고, 이기적이고, 충동적인 사람. 하지만 누구보다 자신이 원하는 걸 이루고자 하는 욕망이 강한 사람이었다. 여리고 감성적인 면도 있고. 한마디로 표현하자면 인간적으로도 예술적으로도 타고난 천재? 그래서 치명적으로 매력적인 인물."

감정의 진폭이 큰 인물인 만큼 고민이 많았던 오승훈에게 영화 속 대사처럼 "섬광 같은 스파크"를 일으켜준 건 박성웅이었다.

"재하가 연극에 무성의한 영우를 도발하는 장면이 있는데 그게 첫 촬영 날이었다. 처음으로 영우가 연극에 흥미를 가지고 재하라는 인물에 호기심이 생기는 시점인데, 선배님의 연기에 말 그대로 정신이 바짝 들었다. 아, 연기가 이런 거구나 희열을 느꼈고, 나도 연기를 잘하고 싶다는 욕심이 더 생긴 것 같다."

오승훈이 〈메소드〉에 캐스팅된 건 크랭크 인 3일 전, 한번도 영화에 출연한 적 없는 신인을 향한 걱정은 당연하다고 생각했다. 하지만 그래서 더 악착같이 준비했다.

"잘하고 싶었고 잘해야 했다. 절대 누를 끼치고 싶지 않았다. 영우라는 인물에 다가가기 위해 그의 마음을 여러 각도로 해석했고, 최선을 다해 영우를 모호하게 만들고자 노력했다. 처음에는 영우가 재하를 당연히 유혹하는 것처럼 행동해야지 했는데, 그게 아니라 정말 사랑하는 건가? 사랑하는 척을 하는 건가? 영우의 행동에 질문을 던지게 하는 게 맞는다고 판단했다. 이 신의 의도는 이거니까, 이렇게 연기해야지 이런 생각을 다 털어내고 충동적으로 행동하려고 했다."

치열한 고민은 폭발적인 연기로 이어졌고, 오승훈은 〈메소드〉를 통해 강렬한 데뷔를 마쳤다. 그를 선택한 방은진 감독도, 함께 연기한 배우들도 현장에서 그를 '복덩이'라고 부를 정도였으니 말 다 했다. 오디션부터 개봉까지 숨 가쁘게 달려온 그에게 〈메소드〉는 여전히 현재 진행형이다. 촬영이 끝나고도 마지막 신을 집에서 연습할 정도로 이 영화의 여운이 남아 있는 것.

"기쁜 만큼 아쉬움도 남은 걸까. 다시 찍으면 더 잘할 수 있을 것 같다는 생각이 든다. 영우의 위치가 내가 앞으로 배우로서 꿈꾸는 삶이기도 한데, 그런 삶을 잠깐이라도 살아볼 수 있어서 행복했다."

오승훈은 고등학교 때까지 농구 선수로 뛰다가 부상으로

포기하고 연기에 뛰어들었다. 아픔도 있었지만 "세상에 헛된 시간은 없다."는 것을 알게 됐고, 그래서 〈메소드〉와 함께한 시간이 얼마나 소중한지 잘 안다. "지금의 마음 그대로 쉬지 않고 연기하고 싶다."는 그의 다짐이 빛나는 이유다.

시나리오 작가의 말

4월의
기억
———

멜로

그때 나와 감독님은, 지금의 〈메소드〉와는 너무나 다른 두 이야기를 시작해보려던 참이었다. 하나는 할머니와 소년의 따뜻한 이야기였고, 다른 하나는 소녀와 소녀가 키우는 개를 둘러싼 잔인한 이야기였다.

급하지 않은 마음으로 수다 떨듯 브레인스토밍을 하며, 감독님은 종종 "내게는 멜로 감성이 1도 없어."라는 얘기를 하셨고, 나는 작년 내 수정이 거듭된 멜로 시나리오에 지쳐 기꺼이 동조했다. "저도 멜로 싫어요."

그즈음 오랜 연인과 결혼을 했다. 그와는 함께 맞는 여덟 번째 가을이었고, 날이 추워지면 손을 잡아주는 것보다 뒷목을 주물러 풀어주는 사이가 되었다. 의리 넘치는 전우로 평생 살자고 약속하면서, 이제 (내 개인의) 멜로 시대는 끝났구나, 생각했던 기억. 감독님은 우리 부부에게 밥 잘 먹고 살라며 숟가락 젓가락 세트를 선물로 주셨다.

그리고 얼마 후에, 〈언체인〉 희곡을 건네셨다. 세상, 가장 지독한 멜로였다.

언체인

감독님이 이 프로젝트 전에 먼저 제안받은 연극 연출. 질투와 광기에 사로잡힌 싱어의 사랑은 내게 오래전 기억처럼 아득했고 월터의 감정은 낯설었다. 그렇게 약간의 거리를 두고 희곡을 읽다가 유난히 깜짝 놀랐던 건, 클레어가 차 트렁크에 있다는 말이었다. 불쌍한 클레어. 가장 슬프고 샘나고 불안한 순간이 많았을 여자.

연극에서 이 캐릭터를 맡은 배우들의 실제 사랑 얘기는 어떨까, 감독님이 운을 떼셨을 때 그래서 클레어가 먼저 떠올랐다. 그렇다면 현실 세계에도, 클레어가 있겠네요. 불쌍한 클레어.

그렇게 처음 쓴 페이퍼의 주인공은 클레어였다.

서은, 희원

한 장짜리 짧은 시놉시스는 여자의 이야기였다. 당시 희원의 이름은 서은이었고, 한마디로 미친년이었다. 무명 배우인 재하가 마지막 기회다 싶은 심정으로 월터 역을 덥석 잡는 시놉시스가 한 번, 한때 톱 배우였지만 인기가 시들해져 파격 변신을 감행하는 재하의 버전이 한 번 있었는데, 두 번 다 서은은 질투와 불안감에 재하를 들쑤시고 흔드는 감정 기복이 심한 여자였다. 헤어졌지만 재하가 잊지 못했던 옛 연인이기도 했고, 권태기가 시작된 연인이기도 했다. 재하는 오로지 성공을, 혹은 재기를 위해 배역에 몰두하고 있지만 서은은 재하와 영우의 연습을 훔쳐보며 재하의 연기가 너무 진짜 같다고 의심했다. 서은의 거듭되는 의심에 재하도 스스로 헷갈리기 시작하고 서은은 그 혼란에 끊임없이 불을 지폈다. 이렇게 이야기의 첫 시작은, 옆에 있는 내 남자가 한없이 멀다 느끼는 여자의 시선과 그런 연인을 두고 무대에 서야 하는 배우의 혼란함이었던 듯하다.

확신이 없는 시놉시스였고 갑작스러운 제안이었기 때문

에 결과물은 미숙할 수밖에 없었다. 더욱이 내게는 계획된 출국일이 다가오고 있었다. 나는 이 시놉시스를 바탕으로 다른 작가를 구하셔도 된다는 다소 무책임한 말을 남기고 현실의 내 오래된 연인과 8년간 모은 돈을 들고 아프리카로 떠났다. 감독님은 내가 케냐와 탄자니아를 떠도는 70일가량을 마냥 기다려주셨다. 희원이 서은이던 시절, 공백 없이 시나리오로 이어졌다면 어떤 이야기가 완성됐을까.

후에 감독님은 푸른 그림 앞에 선 차분한 여자의 표정에 대해 이야기하셨고, 이름은 희원으로 바뀌었다.

혹시 케냐 어딘가에 내가 서은을 두고 온 건 아니었을까.

사라진 아이들

탄자니아를 출국하던 날, 난데없는 짐 수색을 당하며 출국 심사를 마치고 공항 와이파이를 잡았을 때 김성은 피디님께 온 메시지를 봤다. 무려 나흘 전 메시지였고, 우리는 일면식도 없는 사이였다. 언제 돌아오시냐는, 프로덕션 일정을 이러이러하게 잡았다는 정중한 어투에 엄청 겁이 났다. 서은과 무명 배우 재하를 다른 작가님이 만들고 계시겠지, 생각하기도 했고, 처음 감독님과 작업할 때 내뱉었던 나의 자기소개가

"빨리 쓰긴 하는 작가입니다."였기 때문이다. 순수하기 그지
없는 감독님이 순수하기 그지없는 얼굴로 그 거짓말을 철석
같이 믿으셨구나! 세렝게티에서 만난 치타 가족과 기린들은
공항에서 이미 기억 저편으로 사라지고, 서은과 무명 배우 재
하가 어떻게 생긴 애들이었지, 하며 다급하게 기억해내야 했
다. 서울에 있겠지. 걔네 서울에 있을 거야. 얌전히 있을 거야.
인천공항으로 마중 나오겠지. 안심해보려 애썼다. 서울에 왔
지만, 그들은 사라지고 없었다.

안개

　　모두 겨울일 때 혼자 여름을 보내고 온 대가는 혹독했다.
그사이 정해진 스태프진과 일정. 모두 시나리오만 기다리며
스탠바이하고 있는데, 막상 나는 완벽히 두터운 안갯속을 헤
매고 있었다. 손목을 훅 끌며 튀어나오는 얼굴이 재하였다가,
희원이었다가, 영우였다가 했다. 마음이 그토록 많이 옮겨 다
니는 작업도 없었다. 오후에는 영우의 해사한 웃음 하나에 훅
풀어지는 재하의 입매를 생각하며 그래, 그런 멜로를 써야 하
지 했다가도, 자고 일어나면 간밤 내내 등 돌리고 잤을 희원
에게 마음이 가 있고, 또 어느 순간엔 초조하면 분명 얼른 해

를 보며 광합성하는 습관이 있을 것 같은 영우에게 마음이 가 있었다. 누구와 가장 친해지고 싶은지 탐색해보기엔 시간이 너무 부족했다. 3월 27일에 시작해 4월 5일 처음 나온 페이퍼 에서 영우는 영악한 바람둥이였다. 난잡하고 파티를 좋아하 고 재하를 이용하는 못돼 처먹은 어린 남자애. 재하는 겨우 마음을 표현하려 영우를 찾아가지만, 차갑게 외면당하고 돌 아오는 길에 차 사고를 낸다. 희원은 영우가 그런 애인 줄 진 작에 알고 있었다며 둘 모두를 비웃는다. 제멋대로인 영우만 큼 제멋대로인 트리트먼트였다. 재하의 아연실색만큼 감독님 과 피디님의 아연실색도 엄청났다. 물론 가장 혼란스러운 건 누구의 어떤 감정을 붙잡아야 할지 모르는 나였다.

영우

뭘 써야 하는지 모르겠으니, 당연히 뭔가 써질 리가 없었 다. 벽에 머리를 박고 한참을 서 있는 새벽에, 케냐에서부터 이고 지고 온 두상 조각이 눈에 들어왔다. 학생 시절 줄곧 놀 러 가 살다시피 한 친구의 작업실에는 늘, 함께 작업하는 동 료이자 남편이자 멘토인 조각가가 있었는데 그 둘은 작업실 에 들어오고 나갈 때 항상 손으로 현관의 조각상을 매만지곤

했다. 서로 모르는 게 없는, 네 것이 내 것 같은 친구였지만 그 두 사람이 조각상을 만질 때마다 나는 절대로 끼어들 수 없는 둘만의 공기를 느끼곤 했다. 부럽고 외롭고 이유 없이 슬펐던 기억. 괜히 그 조각상이 깨져버리면 좋겠다고 생각했던 나쁜 마음.

감독님께 말씀드리자마자, 감독님은 미술 하는 지인의 집에도 있는 두상을 곧바로 떠올리셨다. 감독님과 마음이 통하는 멋진 순간 중 하나였다. 재하와 희원 사이의 두터운 안도감, 그 완벽한 친밀함이 부러워 슬픈 영우가 탄생했다. 그런 영우가 재하와 희원 집을 유령처럼 떠돌고, 모든 걸 망가뜨리고 싶어 파르르 떨자 시나리오가 선명해졌다.

재하

감독님의 지나온 배우 생활에 많은 걸 기대며 무대 위, 무대 뒤, 무대를 준비하는 과정을 듣고 숨 가쁘게 재하를 만들어봐도 늘 작업할 때는 꼼꼼한 취재에 기대는 내 습성 때문에 시나리오는 번번이 두루뭉술하고 방대했다. 4월이 지나가고 있었다.

시나리오도 없이 막연히 장소 헌팅이 시작되고, 분명 스태프 모두가 어마어마하게 초조할 텐데도 감독님은 시간의 강박, 멜로여야 한다는 강박을 버려도 된다고 얘기해주셨다. 말도 안 되게 촤르르 펼쳐놓은 페이퍼를 보내면, 감독님이 인내심으로 수정한, 꼴을 갖춘 수정본이 되돌아왔다. 아마 그때 감독님의 표정이, 막막하지만 침착하려 애쓰는 재하의 표정 같지 않았을까.

재하와는 새벽의 맥도날드에서도 마주쳤다. 약속된 날짜를 번번이 어기는 작가를 찾아온 김성은 피디님은, 재하 영우 희원 셋 다 도통 뭐 하자는 애들인지 모르겠다는 나를 24시간 운영하는 맥도날드에 앉혀 밀크셰이크를 먹였다. 그러더니 문득, 재하는 이런 거 안 먹을 것 같아요, 그런 남자를 쓴다 생각해봐요라고 했다. 맥도날드 냅킨에 재하 영우 희원 이름을 줄기차게 쓰고 박박 긁으며, 공연이 시작되면 몸에 좋은 걸 먹고 달리기를 하는 남자, 연인의 정성 어린 식단을 당연시하는 이기적인 남자를 떠올렸다. 모든 남자는 이기적이라는, 여자들의 수다도 한몫했다. 재하, 사실 우리의 '뒷담화' 속 재하는 지금보다 훨씬 이기적이고 자기중심적이고 히스테리컬한 남자였던 것도 같다.

블루

시나리오 제목은 줄곧 〈언체인-이토록 뜨거운 블루〉였다. 작업 기간 내내 좋은 제목은 찾아오지 않았고 '이토록 뜨거운 블루'는 감독님에게서 돌아오는 수정고에 늘 붙는 부제였다. 블루는 애초에 희원의 색이었고, 풀어지는 푸른 물감 위에 영우가 훅 끼어들어 빨간 물감을 떨어뜨리는 장면이 있기도 했다.

너무나 오랫동안 헤맸다고 생각했다. 본래는 일기를 필요 이상 꼼꼼하게 쓰는 습관이 있는데, 3월 27일에 작업을 시작한 후 4월 한 달, 아무것도 적혀 있지가 않았다. 한참 지난 후 달력을 펼쳐봤을 때 깜짝 놀라 등골이 훅 서늘해졌다. 4월 30일에 초고를 보낸 후, 5월 1일에 딱 한 줄. 정말 고통스러운 4월이었다고만 적혀 있었기 때문이다. 초고까지의 작업 기간이 기억보다 너무 짧은, 한 달이라는 사실에 놀랐고, 오늘은 어땠고 내일은 뭘 해야 하는지 적는 게 무의미할 만큼 하루와 한나절과 한 주의 단위가 엉킨 시간이었기 때문이다.

5월 7일, 엉성한 초고에서 좀 더 영화의 꼴을 갖춘 수정고가 나왔을 때 감독님이 보내주신 파일명이 바뀌어 있었다.

'메소드'였다.

안녕

　너무 이르고 짧하고 체력도 좋지 않은 시나리오를 급히 내어놓고, 아직 배 속에서 키워야 할 아기를 조산한 듯한 기분으로 이후 시간을 보냈다. 하지만 덜 큰 아기를 스태프분들이 어르고 보듬고 좋은 걸 먹이고, 배우분들이 그야말로 '메소드' 연기로 살찌워 혈색이 돌게 만들어주신 것 같다. 아무리 애를 쓰며 수정해 현장으로 보내도, 이제 진짜 재하와 희원과 영우를 만들어내고 있는 그들의 생생한 에너지가 불어넣는 숨결만 못했다. 그래서 감독님은 희원을 과감히 바닷가에 던져 분노를 폭발시켰고, 무대 위의 재하와 영우는 한달음의 호흡으로 부딪칠 수 있었다.

　여전히 마음은 자주 옮겨 다녀, 밴에 혼자 탄 영우의 마지막 표정이 떠오르며 지금 영우는 뭐 하고 있을까, 하다가도 게이가 아니라는 영우 말에 흔들리던 재하의 눈동자가 생각나서 재하 잘 살고 있을까, 한다. 재하와 영우의 키스를 보고 포스터를 찢던 희원은 그때 손 안 베었을까? 영화 속 연출님은 그 후에 연극상 타셨을까?

　그들 모두, 길에서 우연히 만나도 알은체는 못 하고 한참 후 돌아서서 뒷모습에 손을 흔들게 될 것 같다. 안녕.

　영화를 본 사람들도 가끔 그런 생각 해줬으면 좋겠다. 개

네 뭐 하고 있을까? 관객들은, 재하에서 영우로, 희원으로 마음이 옮겨 다녀도 괜찮다.

민예지_ 시나리오 작가

평론

방은진의 예술 세계를 만나는
혹독한 시간

―――――

감독 방은진의 궤적을 좇아가는 건 상당히 흥미로운 과정이다. 오는 그가 걸어온 길이 충무로에서는 '없던' 케이스라는 지점에 주목해야 한다. 많은 여성 감독이 '여성'이라는 대전제에 부딪혀 커리어를 구축하는 데 애를 먹었던 2000년대 중반, 방은진은 그보다 더한 이중 허들을 넘어야 했다. 그는 연출가로서 약세에 처한 여성이기도 했지만, 그에 앞서 감독이라는 직함을 선뜻 내주기에는 너무 경력이 많은 배우이기도 했다. '감독 방은진'의 타이틀 앞에는 언제나 '배우 방은진'이라는 수식이 가림막처럼 함께 자리하고 있었다. 첫 장편 〈오로라 공주〉(2005)를 준비하면서, 시작부터 완성까지 5년이 넘는 시간을 할애하는 동안, 방은진이 주력한 것은 '배우'의 타이틀을 걷어낸 오롯이 영화를 만드는 감독으로서 포지션을 획득하는 것이었다. 그 5년은 첫 장편을 내놓기까지는 배우 출신 감독에게 흔히 따라오는 온갖 선입견을 물리치는 지난한 싸움의 시간이었다.

감독으로서 이토록 단단한 그의 결심은 여섯 살 딸을 잃고 연쇄 살인범으로 전락한 정순정(엄정화)의 복수극을 스릴러 형식으로 풀어낸 〈오로라 공주〉에서 기어코 입증된다. 〈오로라 공주〉는 남성 중심의 가부장 사회에서 '모성'을 지닌 여성에게 가해진 족쇄, 시스템의 부재가 낳은 사회의 모순을 장르적인 재미와 접목한 작품으로 호평과 함께 흥행 면에서도 좋은 기록을 남긴다. 여성 감독이 여성에 관한 이슈를 본격적으로 제시한 사례이자, 배우 출신 감독이 끄집어낼 수 있었을 엄정화의 새로운 면모를 발견하게 해준 배우 연출이기도 했다. 이후 박중훈, 유지태, 구혜선, 하정우 등 배우 출신 감독의 연출이 괴리감 없이 받아들여진 건 방은진의 앞선 시도가 포석이 되어서였다.

데뷔작 이후 두 번째 작품을 만들기까지 7년이라는 인고의 시간이 필요했지만, 방은진의 세계는 멈추지 않다. 〈용의자X〉(2012) 〈집으로 가는 길〉(2013)에 이르는 잇단 두 편의 작품은 〈오로라 공주〉로 인정받은 연출력 위에서 출발했다. 〈용의자X〉는 히가시노 게이고의 소설 〈용의자 X의 헌신〉을 원작으로 하되, 원작에 부각된 천재 수학자와 천재 물리학자의 두뇌 싸움 대신, 한 여성을 향한 천재 수학자의 지고지순한 사랑을 부각한다. 서스펜스와 멜로를 결합한 방은진의 해석은 작품과 캐릭터에 새로운 결을 불어넣는다. 〈오로라 공주〉에서 자극적 연쇄 살인 사건 이면의 한 여성이자 엄마로서의 심리를 내다보았듯이, 〈용의자X〉에서도 사건 이면에 있는 한 남자의 사랑에 대한 감정을 더 크게 받아들이고 표현하려 한 방은진의 결이 느껴지는 연출이었다.

언이어 방은진 감독은 좀 더 난도가 높은 도전을 감행한다. 오리지널 시나리오가 있었던 〈오로라 공주〉, 원작을 재해석한 〈용의자X〉에 이어 세 번째 작품인 〈집으로 가는 길〉은 실화 사건을 모티브로 취한다. 마약 운반범으로 오인되어 외딴섬 마르티니크 감옥에 수감된 한 평범한 주부 송정연(전도연)이 집으로 돌아오는 처절한 과정. 상업 영화에서는 시도하기 힘든 소재와 전개 방식에도 불구하고 방은진 감독은 끝까지 자신의 페이스를 놓치지 않고 그 지난한 과정을 마지막까지 따라가 깊은 울림을 구현해낸다. 시스템의 보호가 닿지 않는 곳, 여성으로 맞닥뜨리는 한계는 〈오로라 공주〉에서와 마찬가지로 또다시 연출가 방은진의 관심사로 귀결된다. 현실의 문제에서 출발하지만, 방은진은 장르라는 틀 안에서 영화적으로 창조된 캐릭터를 움직이게 만들고, 그들의 파국을 찬찬히 따라간다. 사건과 캐릭터의 유기적인 결합을 통해 방은진은 상업적인 선을 놓지 않고 문제의식을 전달하는 자신만의 스타일을 확고히 구축해낸다.

배우에 관해 고민하다

〈메소드〉를 보면서 시선을 뺏긴 부분은 방은진 감독이 전작과는 다른 결을 지닌 작품을 만들었고, 그 도전을 기꺼이 즐기고 있다는 점이었다. 〈메소드〉에는 〈오로라 공주〉의 사회적 문제의식도, 〈용의자X〉의 사건도, 마찬가지로 〈집으로 가는 길〉의 실화가 주는 충격도 없었다. 방은진 감독은 전작에서 보여준 현실적 토대를 택하는 대신, 좀 더 근원적인 주제에 매달리기에 이른다. 〈메소드〉는 연기라는 소재를 통해 예술의 본질을 말하는 오롯이 상징의 세계이자, 오히려 두 남자와 한 여자의 사랑은 무대의 원형적인 비극에 가깝다. 이렇게 방은진 감독의 연출 세계에서 일견 비죽 솟아나온 면면들은 오히려 〈메소드〉를 새롭게 하는 지점이자, 연출가 방은진의 새로운 전환으로도 해석된다. 〈메소드〉는 말하자면, 감독으로 자리매김하고자 했던 방은진이 의식적으로건 무의식적으로건 그토록 피해왔던 '배우에 관한' 영화기도 하다는 점에서 크나큰 도전으로 비친다. 캐릭터에 온전히 자신을 이입하는 메소드 연기로 대학로에서 연기력을 인정받는 재하(박성웅)가 아이돌 그룹의 멤버 영우(오승훈)를 만나, 한 편의 연극에서 서로 충돌하고 합을 맞춰가는 과정을 집중 조명함으로써 방은진 감독은 캐릭터를 연기하는 순간에는 백 퍼센트 자신을 내어주고 몰입해야 하는 배우의 숙명을 말하고자 한다. 영화는 알 파치노의 연기론으로 시작된다. "오로지 진실할 뿐이다. 거짓을 말할 때조차도." 재하와 영우의 서로 다른 연기에 대한 철학, 스타일, 열정 등이 치열하게 상충하는 순간은 대학로 무대에서 연기 생활을 시작한 배우 방은진, 그가 곧 연기라는 예술을 대하는 여정에서 거쳐온 길이자, 결론에 도달하기까지 고민의 과정이기도 하다.

　재하는 완벽한 캐릭터가 되기 위해 자신의 생활을 오롯이 바치며 좀체 타협하지 않는 배우다. 곁에서 그를 지켜본 여자 친구 희원(윤승아)의 말에 따르면 재하는 "체중을 불리거나 줄이거나… 산속에 들어가 한 달쯤 살다 온 적도 있고, 교도소로 몇 달씩 면회도 가는" 철저한 메소드 연기를 한다.

꾸미기 위해서가 아니라 진짜 '내면의 분장'을 하는 배우다. 사고를 쳐 자숙의 기간으로 어쩔 수 없이 무대에 서야 했던 영우에게, 이런 재하가 작품을 대하는 태도는 경이로움으로 다가온다. 시큰둥하던 그는, 연기의 비기를 기록한 재하의 '메소드 노트'의 비밀을 엿보고 싶어 하고, 그 욕망이 증식되면서 그를 연극 〈언체인〉의 월터(박성웅)를 사랑하는 싱어(오승훈)가 되게 만든다. 월터에게 사로잡힌 싱어의 사랑은 더없이 치명적이고 파괴적이다. 특히 게이의 정체성이 없는 두 남자가, 작품 속 월터와 싱어가 되어 육체적 사랑을 나누고, 현실의 희원과 삼각관계에 빠지면서 영화는 지독한 멜로이자, 스릴러라는 다양한 코드를 나누어 갖게 된다.

후반부 현실과 극 중 인물을 혼동하게 된, 그리하여 사랑에 빠진 재하와 영우가 월터와 싱어가 되어, 무대 위에 오르는 장면은 연기라는 예술이 지닌 아이러니한 상황을 고스란히 압축하는 명장면이다. 이 장면에 이르러 스크린을 보는 관객은, 극 중 무대 위 월터와 싱어가 된 재하와 영우를 숨죽이고 지켜보게 된다. 이때 우리는 자신들이 재하와 영우인지 월터와 싱어인지 혼동에 빠진 무대 위 두 배우의 연기에 온전히 빠진 연극 관객들 반응까지 한꺼번에 보게 된다. 재하는 영우와 처음 진지하게 대화를 하게 되면서 "무대 위에서는 약속을 해야 돼. 약속이 왜 중요하냐. 자유롭기 위해서지."라고 충고한다. 재하와 영우의 사랑은 사회적 금기를 훌쩍 뛰어넘을 듯 불같이 뜨겁지만, 그 사랑의 순도가 어디까지인지는 가늠할 수 없다. 앞서 재하의 말에 비추어 보자면 무대는, 약속이 사라지는 순간 부서져야 하는, 연기자라면 마땅히 그래야 하는, 그래야 그 약속에서 벗어나 다음 작품으로 점프할 수 있는, 한정된 기간의 사랑에 불과하다. 시작부터 이미 파국이 예견된 슬픈 사랑. '혼돈과 파국'의 무대 장면은 방은진 감독의 섬세한 연출로 마치 한 편의 연극을 스크린이라는 막이 없이 직접 보는 듯 완벽하고 집중력 있게 완성된다.

오롯이 감독으로 견지해온 시간을 지나

앞서 말했듯 감독으로 자리매김하기까지 지난한 시간을 버티는 동안 방은진 감독은 연기자로서 자신을 철저히 가려왔다. 물론 배우를 저버리기에 한때 스크린 속 방은진의 존재감은 컸다. 1995년 박철수 감독의 문제작 〈301 302〉에서 인육까지 먹는 301호 여자, 섭식장애를 앓는 302호 여자 윤희(황신혜)를 괴롭히며 폭식증으로 살쪄가고 미쳐가는 송희의 연기는 한국 영화사에서 지금도 회자되는 문제적 장면이다. 청룡영화상

여우주연상을 수상한 방은진은, 연달아 박철수 감독과 함께 한 작품 〈산부인과〉(1997)에 출연하며 한창 개성 있는 배우로 주목받던 당시, 오히려 배우로서 커리어를 확장할 수 있는 기회를 스스로 뿌리친다. "연이어 제안 들어온 〈개 같은 날의 오후〉(1995), 〈무소의 뿔처럼 혼자서 가라〉(1995), 〈처녀들의 저녁식사〉(1998)까지 당차게 거절했다."(《데뷔의 순간》, 주성철, 푸른숲, 2014)는 말에선 의아한 생각도 든다.

그 자신이 "배우로서 가장 막막했다."고 일컫던 그때, 그는 다른 전환점을 모색했고, 연출은 그 끝에 만난 해답이었다. 연출가가 되기 위해 고군분투하던 시절 배우로서의 삶은 내려놓아야 할 1순위였다. 방은진은 연기를 "일부러 거부한 적이 있다."고 말한다. "연출자로서 상업 주류 장벽을 넘는다는 제1의 과제를 목전에 두고서 도저히 배우로서 겸업을 할 수 없었다. 아니, 더 정확히 말하면 감독으로서 입봉을 위해 몇 년씩 고군분투하는 동료 감독들의 면면을 볼 때 그건 내가 취할 태도가 아니었다. 그렇게 나는 배우라는 직업으로부터 멀어져갔다."(《데뷔의 순간》) 단순히 흥미를 위해서, 잠깐의 일탈을 위해서 손쉽게 접근한다는, 그 시선에 맞서 방은진은 자존심을 내걸고 연출가로서 인정받기 위해 매달린다. TV, 영화, 연극 등 연기로 들어오는 모든 프러포즈를 고사했던 이유다.

방은진은 연출을 하기까지 지난한 과정을 타개하기 위해 연기와 연출을 병행하거나, 특별 출연이나 카메오 출연에도 좀체 곁을 내어주지 않음으로써 철저히 감독으로서 자신을 공고히 하는 데만 시간을 할애한다.

　무대 위 배우의 심연을 철저하게 파헤친 〈메소드〉를 보면서, 나는 이제 방은진이 연출가로서 자신의 자의식을 1퍼센트도 남김없이 획득해왔음을 재차 확인했다. 방은진 감독은 한국에서 자신의 세계관을 가지고 네 편의 작품을 연출한 감독이다. 그리고 그 뒤에는 연출가로서 엄청난 무게감을 극복하는 시간이 뒤따랐다. 제22회 부산국제영화제에서 처음 작품을 공개하고 관객과의 대화에 나서기 전, 방은진 감독이 하던 말이 아직도 잊히지 않는다. "나는 항상 작품을 공개하는 이 시간이 흥분되고 좋은 게 아니라 참 쓸쓸하고 슬프다." 그렇게 고통스러운 연출이라는 작업을 연이어 해오면서, 어쩌면 그는 이제껏 뒤로 미루어야 했던 '연기'에 관해 말할 자격을 스스로에게 허락했는지 모른다. 배우 방은진이 아닌, 배우의 경력을 가진 연출가로서 말할 수 있는 배우라는 속성이 어떤 것인지, 또 연기를 통해 인간의 내면이 어디까지 발현될 수 있는지 객관적으로 판단하고 묘사할 수 있는 위치에 서게 된 것이다.

처음 〈메소드〉의 시작은 방은진 감독이 아는 연출가로부터 대학로 연극 〈언체인〉의 연출 제안을 받으면서 시작됐다. '연극 연출은 내 몫이 아니'라는 생각에 미친 그는 "〈언체인〉 속 인물 설정을 스크린으로 옮겨와 늘 고민하던 연기라는 테마를 말해보자."라는 결론에 도달했다고 한다. "무대 위에서의 내가 나인가?" "과연 나라는 사람은 누구인가?"라는 질문은 감독 이전 배우로 오롯이 자신의 삶을 꾸려온 그에게 피할 수 없는 질문이기도 했다. 방은진은 메소드 연기를 하며 피폐함을 경험했던 자신의 생활이 영화 속 캐릭터에게 큰 영향을 주었음을 밝힌다. "1년에 네 편 이상 연극을 할 때는 연습, 잠, 술, 공연, 잠, 술이었다. 진짜 난 누구지. 일상이 자꾸 없어지고 피폐해진다. 그러면서 굉장히 공허해진다. 그러면서 가장 가까운 주변에 상처를 준다." 그건 곧 가장 가까운 연인에게까지 상처를 주며 연기에 골몰한 재하의 모습과 다를 바 없어 보인다.

예술과 더욱 근접 조우

감독으로 확고히 자리매김한 지금도 배우 방은진이 가진 아우라는 어쩔 수 없이 그가 평생 안고 가야 할 중요한 요소다.

메소드

〈집으로 가는 길〉에 출연한 배우 전도연은《씨네21》과의 인터 뷰에서 "방은진은 감독임과 동시에 '선배 배우'라는 부담감이 컸다."라고 얘기한 적 있는데, 이에 대해 방은진은 "어쨌건 기 본적으로 어려워한다는 걸 느낀다."라고 말한다. 방은진 감독 과 작업한 배우 모두의 공통된 얘기는 "(감독이 배우 출신이라) 내 마음을 다 알아줘서 편할 것 같지만, 반대로 내 마음을 들 킬 것 같다."라는 것이다. 그는 "〈메소드〉는 언젠가 꼭 한번 말 하고 싶었던 이야기"라는 말로 그간, 눌러왔던 진심을 이 작 품을 통해 전한다.

좀 더 거슬러 올라가 방은진 감독이 연극 무대에 사로잡 힌 계기가 재밌다. 유년 시절 대한극장에서 70밀리 대형 스크 린을 통해 감상한 〈사운드 오브 뮤직〉(1971)이 바로 그 계기였 다. 그 영화는 관객이 다 나가고 난 뒤에도 연달아 두 번을 더 볼 정도로 어린 방은진을 사로잡았고, 초등학교 저학년 때는 OST 중 하나인 〈에델바이스〉를 내내 애창곡으로 불렀을 정 도였다. 그렇게 '영화'에 빠져들었을 것 같지만, 정작 어린 방 은진을 사로잡은 것은 영화 속 마련된 무대였다. "(〈사운드 오 브 뮤직〉에 보면) 아이들이 인형극을 하는 장면이었는데, 그 인 형들을 대형 스크린으로 보는 느낌은 그야말로 판타지 그 자 체였다."라고 회고한다. "나라는 인간의 자아가 생성되기 이

전에 내 안으로 침투한 판타지라고나 할까. 그 모든 것들이 허구라는 것을 알면서, 그들이 인물이 아니라 배우로 보였다. 그런 경외와 동경심이 훗날 나를 무대로 이끌었던 것 같다." (《데뷔의 순간》)

그렇게 매혹당한 시간 이후 그는 중학교 때부터 연극에 빠져 지낸다. 쟁점 있는 연극들을 그때부터 챙겨 봤다. 대학에서 전공은 의상이었지만, 연극 동아리 활동을 하며 무대의 꿈을 키웠고, 직장 생활을 하다가 무대에 대한 꿈을 놓지 못하고 이후 본격적으로 연극 무대에 서게 된다. 영화배우로 자리 매김하고 또 배우를 거쳐 감독이 되기까지, 방은진에게는 앞서 그 무엇보다도 자신을 더 투신했던 무대가 있었다. "예전에 20년도 전에 살 부대끼면서 낮과 밤을 모르면서 살았던 연습실과 극장과 다른 모양새로 있는 것을 만나게 되었다. 잘 담고 싶었다. 왜곡되게 하지 않고 관객들이 그 짧은 시간 연극을 잘 봤으면 좋겠다 생각하며 찍었다."(채널CGV '이달의 큐레이터' 인터뷰 중) 〈메소드〉의 재하는 직접 배역의 소품을 구하기 위해 황학동 풍물시장에 간다. 발품 팔아서, 배역에 꼭 맞는 소품을 찾고, 또 그 소품을 통해 빠져 있던 캐릭터를 보충하기도 한다. 연극 무대에서 활동하던 방은진 역시 여느 배우들 못지않게 직접 세트 나르고, 선배들 의상 챙기는 일을 해왔던, 재하와 닮은 배우였다. 그는 영화 현장으로 와서도 연극 무대에서의 그 '습성'을 버리지 않았다. 〈장롱〉(방은진 연출의 단편영화)의 현장에 와 있던 크레인 기사가 부지런히 몸을 놀리는 방은진을 보고, "저 여자 연출부 누구냐? 굉장히 열심히 하는데 방은진 닮았다."라고 말해 촬영장이 웃음바다가 됐다는 것도 유명한 일화다(《씨네21》).

그렇게 〈메소드〉는 연극에서 영화로, TV로 또 배우에서 감독으로 포지션과 장르를 바꿔왔지만 예술과 더욱 근접 조우하려는 방은진이 걸어온 걸음들이다. 〈메소드〉의 단초는 그 시간과 고민만큼이나 단단하고 디테일하며 진심의 감정을 전달하기에 이른다. 네 번째 장편 〈메소드〉를 통해서 방은진은, 그렇게 그간의 자신과 만나는 혹독한 시간을 치러냈다.

이화정_《씨네21》 기자

메소드란 이름의 욕망
메소드란 이름의 광기

———

72시간 동안 잠을 자지 않았다. 지칠 때까지 뛰고 또 뛰었다. 물속에서 숨을 쉬지 않고 한계점에 이를 만큼 참았다. 딱 죽지 않을 만큼만이었다. 영화 〈마라톤 맨〉(1976)을 촬영 중이던 더스틴 호프먼은 자신이 연기하는 캐릭터 '베이브'의 고통과 피폐함에 다가가기 위해 스스로의 육체를 극단적인 상태로 내몬다. 때로는 캐릭터와의 합일이 이루어지지 않았다는 이유로 촬영을 지연시키기도 했다. 그런 더스틴 호프먼을 촬영 내내 지켜보던 동료 배우 로런스 올리비에는 이렇게 조언한다. "자네, 그러지 말고 그냥 연기를 하는 게 어떤가?(My dear boy, why don't you just try acting?)"[1]

1960년대 뉴욕 '액터스 스튜디오'에서 메소드 연기법을 습득한 미국의 현대 영화배우인 더스틴 호프먼에게 셰익스피어 극으로 명성을 얻은 영국의 클래식 배우 로런스 올리비에가 던진 이 말은 메소드 연기를 바라보는 극단적인 시선의 예로서 40년 가까이 회자되고 있는 전설적인 일화다. 역할과의 객관적인 거리를 유지하는 무대 연기 전통 속에 훈련된 노배우의 입장에서는 아예 그 역할로 살아가는 방법을 택해 몸과 정신을 축내고 있는 젊은 영화배우의 접근법은 분명 소모적이고 맹목적으로 보였을 것이다. 이후 더스틴 호프먼은 여러 인터뷰와 DVD 코멘터리를 통해 이 말은 와전된 것이라고 주장했다. 당시 자신은 이혼의 여파로 '스튜디오 54'[2]에서 술과 파티의 나날을 보내느라 며칠간 잠을 못 잔 상태로 촬영장에 왔으며, 그런 사생활에 대한 로런스 올리비에의 걱정 어린 충고 중에 나온 말일 뿐이라는 것이다. 물론 〈왕자와 무희〉(1957)를 함께 촬영한 마릴린 먼로를 비롯한 당시 미국 배우들의 '메소드 집착'[3]에 대한 피로를 종종 피력해왔던 로런스 올리비에는 이제 세상을 떠나 영화 속에서만 살아 있을 뿐이고, 이 발언이 나온 정확한 상황에 대한 진위 여부는 현장에 있던 두 배우만이 알 것이다. 하지만 '메소드 배우' 더스틴 호프먼이 캐릭터의 중심부로 다가가기 위해 감행했던 치열하고 집요한 시도들은 올리비에를 제외하고도 많은 목격자를 통해 증명됐다. 어쩌면 〈마라톤 맨〉을 포함해 많은 영화에서 보여준 더스틴 호프먼의 연기가 가장 명확한 증거일지도 모른다.

연기란 여러모로 모호한 과정이다. 수학도 과학도 요리도 아니다. 정답도 공식도 법칙도 없다. 연기란 배우의 육체와 정신 혹은 영혼을 도구로 구현되는 작업이지만 개별의 배우는 그 누구와도 완벽히 똑같을 수 없는, 인간이다. 누군가는 자신의 역할에 거리를 둔 채 접근하고 누군가는 그 속에 전속력으로 풍덩 빠져든다. 한 배우에게 적용되고 증명된 접근법과 방법론이 다른 배우에게 적용됐을 때 효과적이라는 보장은 없다. 최선의 결과를 내기 위해 어떤 재료를 준비하고 더해야 하는지 혹여 그 결과에 이른다고 해도 여전히 그 과정 역시 명확하지 않다. 답답한 일이다. 그러나 이 절대적인 한계와 모호함 속에서 준비된 연기를 품고, 그 불안과 긴장을 안은 채, 그럼에도 불구하고, 배우들은 오늘도 카메라 앞에 혹은 무대 위에 선다. 온전하게 캐릭터를 표현하고 싶다는 예술가로서의 욕망은 기어코 인간으로서의 불안을 잠식하기 때문이다.

이렇게 포획할 수 없는 모호한 연기의 과정을 손에 잡히는 과학적 과정으로 혹은 습득 가능한 기술로서의 체계를 만들고 평생 동안 연구해온 사람이 바로 러시아의 무대 연출가이자 배우였던 콘스탄틴 스타니슬랍스키다. 그리고 스타니슬랍스키의 시스템을 가장 적극적으로 받아들인 이가 미국의 연기 교육자인 리 스트래스버그다. 그는 스타니슬랍스키의 초기 연구를 활용해 '정서기억법(Emotional Memory)' 등 배우가 자신의 개인적인 경험과 기억을 오감과 신체를 통해 훈련시켜 통제할 수 있는 메소드 연기법을 발전시켜나갔다. 그리고 엘리아 카잔, 체릴 크로퍼드 등이 1947년에 설립한 뉴욕 액터스 스튜디오를 1951년부터 이끌며 메소드 연기법을 본격적으로 교육했다. 할리우드 스튜디오 시대의 신파적인 연기에서 벗어나, 리얼리티를 기반으로 한 사실적인 영화와 연기가 각광받는 시대가 도래하면서 액터스 스튜디오가 배출한 말론 브란도, 로버트 드니로, 알 파치노, 더스틴 호프먼 등 소위 메소드 배우의 전성시대가 이어졌고, 이후로 '메소드'는 어떤 배우의 연기를 극찬할 때 쓰이는 표현으로 가장 빈번하게 통용되고 있다.

물론 동시에 메소드는 한국을 포함해 전 세계적으로 가장 오해받는 단어이기도 하다. 정확하게 메소드가 무엇인가 하는 정의에 명확하게 답을 내릴 수는 없다. 예를 들어, 리 스트래스버그의 연기 교육법에 반목하며 스타니슬랍스키 시스

템에 대한 다른 해석과 적용으로 자신의 연기법을 확립해나
간 스텔라 애들러의 메소드란 아예 다른 접근법이다. 스텔라
애들러의 메소드에 따르자면 개인적 기억을 소환시키는 정서
기억법 같은 접근은 오히려 앙상블 연기를 망치는 주범으로
취급됐다. 그러나 지금까지도 메소드 연기의 간판스타, 메소
드 배우의 대명사처럼 불리는 말론 브란도가 사실 리 스트래
스버그가 아닌 스텔라 애들러의 적자라는 사실은 아이러니다.

하지만 학문적인 적통의 구별과 상관없이, 대부분의 관
객에게 메소드는 어떤 배우가 영화 속 캐릭터가 되기 위해 자
신을 버리고 극도로 몰입하는 상태 혹은 그 방법을 통해 촬영
기간 동안 아예 그 인물로 살아가는 배우라는 뜻으로 인식되
어 있다. 이 의도적인 단기 정신병에 가까운 상태에 대한 일
반 관객의 호기심과 흥미는 메소드 접근법, 메소드 배우에 대
한 신화 혹은 지속적인 뉴스를 생산하게 만들었다. 영화 속
사랑의 감정이 전염되어 실제 연인이 되는 배우들은 그나마
아름다운 예다. 배역을 위해 100킬로그램이 넘는 거구가 되었
다가 이내 영양실조에 걸린 사람처럼 앙상하게 마르는 배우
들, 히키코모리를 연기하기 위해 몇 달간 아예 어두운 지하방
을 빌려 칩거했다는 배우들의 경험담도 심심찮게 들려온다.
〈악마를 보았다〉(2010)에서 사이코패스 연쇄 살인마 장경철

을 연기한 최민식이 배역에 너무 몰입한 나머지 엘리베이터에서 친근하게 인사를 건네는 사람을 향해 "이 새끼가 왜 반말하지?"[4]라는 생각이 들었다는 이야기나, 〈갱스 오브 뉴욕〉(2002)에서 '도살자 빌'을 연기한 대니얼 데이루이스가 동료 배우들에게 정신적인 스트레스를 주고, 낯선 이들에게 주먹질을 하며 잠시 "정신과 신체를 망치는 삶"[5]을 살았다는 증언은 '메소드 배우' 하면 즉각 떠오르는 대표적인 이미지다.

영화 〈메소드〉의 주인공인 재하와 영우 역시 연기에 몰입하는 과정에서 개인의 삶과 캐릭터의 삶 사이에 놓인 경계가 무너져버린다. 감정을 뒤흔드는 것도 모자라 심지어 타고난 성 정체성까지 뛰어넘게 만드는 상태, 다른 이들이 보기엔 "미쳤다."라고 말할 수밖에 없는 이 혼란은 어디서 기인하는가. 그것은 결국 나를 버려서라도 그 속으로 들어가고 싶다는 무모한 열망이다. 과연 이 접근법이 연기에 대한 올바르고 효율적인 방식인가 하는 이해와 판단은 뒤로하더라도, 부정할 수 없이 분명한 사실이 있다. 바로 자신이 연기하는 캐릭터와 완벽하게 하나가 되고 싶은 배우들의 절실함이다. 그들은 영우가 아니라 싱어로 이해받기 위해 무대 위에 서는 직업인이다. 재하와 월터의 완벽한 합일을 꿈꾸며 무대에 오르는 예술

가들이다. 어떤 배우에게는 길게 허락된 만남, 누군가에게는 찰나와 같은 조우일 수도 있을 것이다. 하지만 한번 그 짜릿한 순간을 경험하고 난 후엔 돌이킬 수 없다. 재하를 연기한 배우 박성웅의 말대로 결국 배우란 "누가 더 미쳤을까 내기하는 직업"이기도 하다. 그럼에도 배우들은 욕망한다. 과연 나는 어떻게 네가 될 수 있을까, 어떻게 하면 너를 완전하게 품고, 너에게 완전하게 소유될 수 있을까. 급기야 광기가 되어버린 어떤 욕망이라는 이름의 메소드. 결국 메소드란 실패할 것을 예감하면서도 시작되는 어떤 사랑의 다른 이름이다.

백은하_ 영화 저널리스트, 배우 연구자

1. 마이클 심킨스, "Method acting can go too far-just ask Dustin Hoffman", 《가디언》, 2016년 3월 31일, https://www.theguardian.com/commentisfree/2016/mar/31/method-acting-dustin-hoffman-meryl-streep

2. 1970~1980년대 수많은 예술가가 어울리며 문화적 메카가 된 뉴욕 맨해튼에 위치한 전설적인 나이트클럽.

3. 크리스 헤이스팅스, "'Try to be sexy': how Larry Olivier set out to humiliate Monroe", 《텔레그래프》, 2003년 8월 31일, http://www.telegraph.co.uk/news/uknews/1440198/Try-to-be-sexy-how-Larry-Olivier-set-out-to-humiliate-Monroe.html

4. 송광호, "최민식 '빨리 피냄새서 벗어나고 싶어요.'", 연합뉴스, 2010년 8월 14일, http://www.cine21.com/news/view/?mag_id=62045

5. 크리스 설리번, "How Daniel Day-Lewis' notoriously rigorous role preparation has yielded another Oscar contender", 《인디펜던트》, 2008년 2월 1일, http://www.independent.co.uk/arts-entertainment/films/features/how-daniel-day-lewis-notoriously-rigorous-role-preparation-has-yielded-another-oscar-contender-776563.html

에필로그

개봉.

관객에게 이 영화가 있음을 알리고, 와서 보시면 됩니다, 라고 말할 날을 코앞에 둔 감독의 심정은 복잡 미묘할 수밖에 없다. 상업 영화로 탄생하지 않았던 〈메소드〉가 연출가 필모그래피로, 배우의 면모로, 채널CGV 제공이기에 가능한 미디어의 서포트로, 많은 기대를 한 몸에 받고 있기에 더더욱 그러하다.

제22회 부산국제영화제 파노라마 부분에서 첫 상영을 앞두고 '전 좌석 5초 매진'이라는 기사의 진위 여부를 확인한 이후 진짜네, 하며 얼떨떨해하고. 나름의 열렬한 관객 반응에 부산은 부산이야, 일반 관객의 반응으로 볼 수 없어, 하면서도 가슴 떨리고. 다른 한편, 근데 말이야 정작 관객 입장에서는 '와이드 릴리스(상업 영화가 동시에 개봉관 수를 확보하고 가는 방식)'가 아니라서 가까이 있는 극장에서 〈메소드〉를 못 볼 수도 있을걸 식의 이야기를 우스갯소리처럼 했던 것은, 엄밀히 말해 〈메소드〉는 다양성 영화이고, 다양성 영화군에 속하는 영화들이 어떻게 세상에 나왔다가 어떻게 소리 소문 없이 사라지는지 잘 알고 있기 때문이다.

영화를 만들어낼 때마다 항상 관객 스코어와 평점에서 한껏 자유롭고자 하지만, 행보를 이어가다보면 또다시 똑같은 심판대에 오르는 날을 맞게 된다. 냉정히 말하면 〈메소드〉는 유전자 변형이 일어난 돌연변이처럼 다소 예외적인 영화임에는 틀림이 없다. 〈메소드〉라는 영화에 열정을 기울였던 전 과정, 그 과정 과정에 모든 사람이 쏟아낸 노력이 치열한 영화계의 배급 싸움과 관객의 선택 아래 목을 내줘야 하는 날. 이날이 개봉일이고, 개봉 주이다. 그 처절한 전쟁터에 〈메소드〉를 내놓았다. 호평과 더불어 창궐할 혹평에서도 살아남는 방법은 그것을 견뎌낼 더 매몰찬 각오뿐이다. 다시금 영화는 철저히 관객의 것이라는 사실을 뼈저리게 실감한다.

그러나 스스로 주야장천 신념처럼 되뇌는 말을 복기하기도 한다. 결과만이 성과를 판가름하는 것이 아니다. 과정 속에서 성장할 수 있도록 모두의 노력을 간과하지 말자. 매 순간 우리에겐 황홀한 햇빛과 거센 된바람이 함께했다. 그야말로 인생의 편린이 아닌 가운데 토막을 관통했다. 영화 한 편을 만든다는 것은 그런 것이다. 그리고 영화는 함께 작업한 창작자들 각자의 선택과 능력으로 더불어 격랑을 헤쳐온 것이기에 어떤 결과이든 겸허히 받아들이고 서로를 위로하거나 격려할 마음을 준비하면 된다.

함박눈이 내린 벌판이었고, 그것이 하얀 눈밭이기에 심드렁하게 눈을 모아 눈싸움을 시작했다. 하다보니 그럴싸하여 너도나도 덩달아 자잘한 눈싸움을 했고, 또 그러다보니 어느 틈에 우리는 눈덩이를 굴려 눈사람의 아래 몸통과 얼굴을 턱 올려버렸다. 눈과 코와 웃음기 가득한 입술을 그리고 보니 머리가 민둥민둥 조금 허전은 하다. 멋진 모자가 하나 있으면 좋겠다. 줄무늬가 뚜렷한 목도리도 하나 있으면 좋겠다.

2017년 10월 마지막 날

감독 방은진

\#

continuity

S# - 001

장소 : 연습실 앞
내용 : 자전거를 타고 언덕을 내려오는 재하.
      연습실 건물로 들어간다.

CUT)
1

동숭아트센터 앞길.
Frame in.
자전거를 타고
언덕을 내려오는 재하.

CUT)
2
TOP

연습실 건물 앞.
자전거를 타고
연습실 앞으로 오는 재하.
Pan Follow. 자전거를 세운다.

CUT)
2
END

CUT)
3

자전거를 세우는 재하 발.

CUT)
4

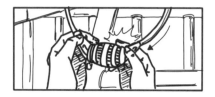

자전거 체인 자물쇠를 채운다.

S# - 001

CUT)
5

엘리베이터 앞.
땀에 젖은 재하가
엘리베이터로 들어간다.

CUT)
6
TOP

엘리베이터 문이 열리고
재하가 들어간다.

CUT)
6
END

S# - 002	장소 : 연습실 내용 : 리딩 준비를 하는 재하와 스태프들.	D L I 01

CUT)
1
TOP

연습실 문이 열리고 재하 들어온다.
Camera ⇒ 재하 O.S.
일어나 인사하는 스태프들.
스태프들, 오셨습니까. 선배님!
다가와 재하를 안는 원호.
원호 : 왔어? 살 좀 빠졌나?

CUT)
1

CUT)
1
END

CUT)
2
TOP

인사 후 자리로 가는 재하.
원호 : 월터가 되고 있나?
재하 : 시끄러워.
하며 자신의 자리로 간다.
스태프들, 의자를 내주고,
커피를 내주며
재하를 살뜰하게 챙긴다.
"오셨어요~." "오랜만이야~."

CUT)
2
END

재하는 상대역 자리가 비어 있는
것을 보고는 시큰둥. 별말 없이
자리를 정돈하며 앉는다.

S# - 002

장소 : 연습실
내용 : 기다리는 재하. 매니저가 들어와
영우를 찾는다.

D　L
I　02

CUT)
3

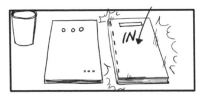

테이블 위에는 정연하게
연극 대본 〈언체인〉이 놓여 있다.
재하는 연습 노트를 꺼내놓는다.

CUT)
4

시간 경과 Insert.

CUT)
5

시간 경과 Insert.

CUT)
6

진중한 표정으로 기다리는 재하.

CUT)
7

재하의 눈치만 살피는 스태프들.
Pan ←

S# - 002	장소 : 연습실 내용 : 기다리는 재하. 매니저가 들어와 영우를 찾는다.	D L I 03

CUT)
8

곤란한 표정의 원호.
원호 : 아…하하 얘가 좀….

CUT)
9
TOP

재하 O.S. 원호가 상황을
수습하려는데 문 열리고
매니저가 영우를 찾는다.
원호 : 그… 차가 막히나봐?
매니저 : (당황) 여기 없나요?
원호 : 예?

CUT)
9
END

CUT)
10

매니저 O.S.
황당한 스태프들 F.S.
매니저 : 아, 아닙니다, 저기,
영우… 화장실 갔나보네요. 저희
아까 아까 도착했는데요. 그게…
식은땀 흘리며 뒷걸음질로
엉거주춤 나가는 매니저.
다들 뭐지, 싸하게 본다.

CUT)
11

꾹 참고 있는 재하.
분위기를 살피는 스태프들.

S# - 006

장소 : 연습실
내용 : 늦은 영우. 성의 없는 태도에
점점 열이 오르는 재하.

D L
I 01

CUT)
1

초조해 보이는 원호.
(커피를 마시고 있다)
톡톡. 족히 한 시간은 지났는데도
나타나고 있지 않는 영우.

CUT)
2

적막한 스태프들.
초조한 원호.
도저히 안 되겠다며 일어난다.
**원호 : (훅 일어나) 뭐, 우리끼리
리딩이나 한번 해볼까?**

CUT)
3

원호 O.S. 재하 B.S.
재하 : (바로) 리딩? 나 혼자?

CUT)
4

재하 O.S. 원호 W.S.
원호, 깨갱 자리에 앉는다.

CUT)
5

재하.

S# - 006

장소 : 연습실
내용 : 늦은 영우. 성의 없는 태도에
       점점 열이 오르는 재하.

D L
I 02

CUT)
6
TOP

재하 O.S.
원호 뒤에 들어서는 영우 F.S.
Camera ⇒ 재하 O.S.
자리에 앉는 영우 M.S.
드디어 문 끽 열리고 영혼 없이
들어서는 영우.
자신의 자리에 앉는다.

CUT)
6
END

CUT)
7
TOP

아이패드를 설치하는 매니저 손.
(화면에 연습을 하고 있는 영우)
국어 책 읽는 영우.
맥없고 성의 없는 목소리.
재하, 꾹꾹 참으며 리딩 중이다.
눈치 없이 아이패드를
제일 좋은 자리(재하 앞)에
올려놓고 녹화하는 영우 매니저.

CUT)
7
END

CUT)
8

재하 Back 전체 F.S.
(재하 주위를 돌아다니며
영우의 동영상을 찍는 매니저)
매니저, 돌아다니면서
동영상을 촬영한다.

S# - 006

장소 : 연습실
내용 : 늦은 영우. 성의 없는 태도에
점점 열이 오르는 재하.

D | L
I | 03

CUT)
9

신경이 거슬리는 재하.
재하 : 싱어. 난 네가 사랑하는 사람이지?
영우 : 아직도 의심하는 거야?
재하 : 그런 거 아니야.
영우 : 당연히 사랑하지. 나한테는 형뿐이야. 세상에서 유일한 사람이야.
(*콘티 보기 편하게 대사를 모음)

CUT)
10

영우 Back 전체 F.S.
연습하고 있는 재하와 영우.
돌아다니면서 동영상을 찍는
영우 매니저.

CUT)
11

국어 책 읽는 영우.

CUT)
12

원호는 신경이 쓰인다.
(원호 뒤에서 동영상을 올리는
매니저)

CUT)
13

동영상 올리는 매니저 손
재하 B.S.

S# - 007

장소 : 연습실 앞
내용 : 팬클럽을 뚫고 밴을 타는 영우.
다른 배우로 바꾸라고 하는 재하.

(D) (L)
(E) (01)

CUT)
1
TOP

연습실 밖에 나오자 기다리던
여자애들이 꺄아~ 환호성.
영우를 과잉보호하며
밴에 태우는 매니저.
거의 잡혀 들어가는 수준이다.

CUT)
1

밴을 향해서 가는 영우 뒷모습 Follow.
같이 오던 매니저가
영우를 차에 태운다.
사생팬 몇 명은 밴이
출발하면 뒤를 쫓는다.

* Note : 로드매니저 한 명이
더 있다는 설정.
로드매니저 한 명은 이미
밴 운전석에 타 있다.

CUT)
1

CUT)
1
END

CUT)
2

재하는 자전거를 타고 가려고 하고
원호는 그런 재하를 잡는다.
재하 : 딴 배우 붙여 형.
원호 : 야아~ 너 아니면 누가 월
터를 해~ 이 어려운 캐릭터를.
못 해. 아무도 못 해. 네 생각하
며 쓴 거야 이거.
재하 : 나 말고. 쟤.

S# - 007

장소 : 연습실 앞
내용 : 팬클럽을 뚫고 밴을 타는 영우.
　　　다른 배우로 바꾸라고 하는 재하.

(D) (L)
(E) (02)

CUT) 3

원호는 절대 안 된다는 듯
부탁부탁~ 손을 모은다.
**원호 : 야아~!!! 나 이번에 이해랑
연극상도 타고 흥행도 하고 쫌, 쪼
옴~!**

CUT) 4

자전거를 탄 재하.
**재하 : 그럼 제대로 배우를 붙여
주든가.**
휘익 사라진다.

CUT) 5

가는 재하를 보며 소리치는 원호.
원호 : (뒤에 대고) 야, 야 재하야!

CUT) 6

가는 재하와 소리치는
원호 뒷모습.
원호 : 재하야!!

S# - 008	장소 : 희원의 작업실 내용 : 영우의 각종 사건 사고들을 　　　 휴대폰으로 검색해보는 재하.	N　L I　01

CUT)
1
TOP

서성이며 핸드폰을 검색하고 있는
재하.

CUT)
1
END

CUT)
2

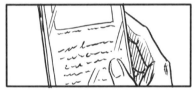

영우의 기사 내용이 보인다.
오토바이 폭주, 숙소 이탈,
방송 펑크.
막 나가는 아이돌.

CUT)
3

영우의 아이돌 동영상을 플레이한다.

CUT)
4

자꾸 버벅이는 동영상.

S# - 008

장소 : 희원의 작업실
내용 : 영우의 각종 사건 사고들을
       휴대폰으로 검색해보는 재하.

N L
I 02

CUT)
5

핸드폰을 던져버리며
자리에 앉는 재하.
**재하 : 아이씨, 아~ (핸드폰을 던
져 버린다)**
작업하며 힐끔힐끔 보던 희원.
혼자 웃는데.

CUT)
6

재하 : 말해.

CUT)
7

희원 : 뭘?

CUT)
8

재하 : 즐기고 있지, 지금?

CUT)
9

희원 : (풋, 약 올리며) 아닌데.
오빠가 즐기고 있는 거 같은데.
이때 울리는 희원의 핸드폰.

S# - 008

장소 : 희원의 작업실
내용 : 영우의 각종 사건 사고들을
      휴대폰으로 검색해보는 재하.

N L
I 03

CUT)
10

희원 : 아, 박 연출님!
(재하에게 들으라는 듯) 내일? 우리
집에서?
무슨 소리? 도끼눈을 뜨며 희원을
보는 재하.

S# - 010

장소 : 재하와 희원의 집 1층 현관
내용 : 원호를 따라 재하의 집으로 들어온 영우.
　　　반갑게 맞아주는 희원.

N　L
I　01

CUT)
1
TOP

1층 현관으로 들어가는 재하의
뒷모습 보이고,
원호도 따라 들어간다.

CUT)
1

CUT)
1
END

CUT)
2

재하, 황급히 들어서며 문 옆의
브론즈 두상을 쓱 만진다.
머리가 맨들맨들 닳아 있다.

CUT)
3
TOP

연달아 들어서는 원호.
원호 : 들어와, 들어와!
이어, 영우가 주춤
얼굴을 들이민다.

S# - 010

장소 : 재하와 희원의 집 1층 현관
내용 : 원호를 따라 재하의 집으로 들어온 영우.
　　　 반갑게 맞아주는 희원.

N　L
I　02

CUT)
3

영우의 눈에도 보이는 조금
그로테스크한 소녀의 두상.
영우, 미적대며 그대로 서 있는데.

CUT)
3
END

희원(off) : 영우 씨!

CUT)
4

들어오세요~.
영우를 반갑게 맞이하는 희원.
따뜻한 조명이 비치는
재하와 희원의 집 안.
영우, 희원을 처음 만난다.

S# - 011	장소 : 재하와 희원의 집 2층 서재 내용 : 희원을 따라 서재에 들어서는 영우. 　　　재하의 책을 받는다.	N L I 01

CUT)
1
TOP

희원을 따라 2층 서재에
영우가 따라간다.

CUT)
1
END

CUT)
2

올라가면, 재하가 책 몇 권을
고르고 있다.
뒤로는 재하가 공연했던
포스터들이 인상적으로 보인다.

CUT)
3

재하의 연극 대본과 책들을 훑는다.

CUT)
4

재하가 공연했던 포스터들.

S# - 011

장소 : 재하와 희원의 집 2층 서재
내용 : 희원을 따라 서재에 들어서는 영우.
　　　 재하의 책을 받는다.

(N) (L)
(I) (02)

CUT)
5

재하 : 무대 위에서는 약속을 해야
돼. 약속이 왜 중요하냐. 자유롭기
위해서지.
영우 : (감이 안 온다. 그러나) 네.

CUT)
6

재하 : 네? (인상 쓰며 바라본다)
희원 : (얼른 무마) 영우 씨가 네, 래.
밥부터 먹자. 어?
희원에겐 언제나 승복하는 재하.
책들을 원호에게 건넨다.
재하 : (구시렁) 아, 씨. 형. 왜 나보
러…!

CUT)
7

원호, 씨익~.
그 책을 영우에게 건넨다.
원호 : (흐뭇) 자, 자. 우리 모두 자유
롭게 밥을 먹으러 갑시다~!

S# - 012

장소 : 재하와 희원의 집 1층 식당
내용 : 재하의 집에서 같이 식사하는 영우.
      실장의 영상 전화를 받는다.

CUT)
1

냉이 된장찌개.
야채 샐러드.
빛 고운
잡곡밥….

CUT)
2

엄청나게 잘 먹는 영우
원호 또한 같은 스피드다.

CUT)
3

영우 O.S. 둘의 모습을 바라보고
있는 희원(재하).

CUT)
4

영우의 전화가 드륵드륵 울린다.

CUT)
5

희원 : 기다리나보다… 매니저가.

S# - 012	장소 : 재하와 희원의 집 1층 식당 내용 : 재하의 집에서 같이 식사하는 영우. 　　　 실장의 영상 전화를 받는다.	N　L I　02

CUT)
6
TOP

영우. 힐끔 보고 끈다. 또 울린다.

CUT)
6
END

짜증 내는 영우.
실장 : 야! 인마 너 어디야!

CUT)
7
TOP

실장과 영상 통화를 하고 있는 영우.
**실장 : 연습 끝나면 재깍재깍 숙소
들어오기로 했…**

CUT)
7
END

원호가 쓱 얼굴을 들이민다.
**원호 : (V~) 안녕하세요,
임 실장님~.**

CUT)
8
TOP

핸드폰이 재하를 향하면 Focus 이동.
실장 : 아이고 연출 선생님!
하는데 원호가 영우의 핸드폰을
틀어 맞은편에 앉아 있는
재하를 비춘다.

S# - 012

장소 : 재하와 희원의 집 1층 식당
내용 : 재하의 집에서 같이 식사하는 영우.
       실장의 영상 전화를 받는다.

CUT)
8
END

Focus 이동.
실장 : 아, 이재하 선배님! 안녕하
세요! 아아 영우랑 같이 식사하시
나보죠? 아하하하…! 제가 선배님
상대역이라 이건 무조건 해야 된다
고 우겼습니다!
재하 : 아 예….
엄청난 사탕발림과 굽신거림.

CUT)
9

영우 뚝 끊는다.

CUT)
10

물 마시는 재하.

CUT)
11

희원 : …근데, 연극은 재밌어요?

CUT)
12

영우 : (무심) 연극이 재밌을까요?

S# - 012

장소 : 재하와 희원의 집 1층 식당
내용 : 재하의 집에서 같이 식사하는 영우.
       실장의 영상 전화를 받는다.

CUT)
13

재하, 빠직 영우를 본다.
희원이 슬며시 재하의 손을 잡는다.

CUT)
14

물끄러미 그 둘을 보는 영우.
영우 : 재미있을까봐요.

CUT)
15

재하 : (희한한 어법이다) …응?

CUT)
16

영우 : 재미있어지면 되죠?

CUT)
17

피식 웃는 재하.

| S# - 012 | 장소 : 재하와 희원의 집 1층 식당
 내용 : 재하의 집에서 같이 식사하는 영우.
 　　　실장의 영상 전화를 받는다. | N　L
 I　05 |

CUT)
18

창 밖에서 보이는 네 사람의 모습.
영우도 미소.
희원, 그런 영우를 본다.

송유창_ 콘티 작가

메소드

1판 1쇄 발행 2017년 11월 13일
1판 2쇄 발행 2017년 11월 24일

쓰고 엮은이 방은진
펴낸이 김영곤 **펴낸곳** (주)북이십일 아르테
미디어사업본부 본부장 신우섭
책임편집 전민지 도은숙 **인문교양팀** 장미희 신원제 **디자인** 박선향
영업 권장규 오서영 **마케팅** 김한성 정지은 **제휴** 류승은 **제작** 이영민

출판등록 2000년 5월 6일 제406-2003-061호
주소 (우 10881) 경기도 파주시 회동길 201(문발동)
대표전화 031-955-2100 **팩스** 031-955-2151

ISBN 978-89-509-7255-4 03680

아르테는 (주)북이십일의 문학 브랜드입니다.

(주)북이십일 경계를 허무는 콘텐츠 리더

아르테 채널에서 도서 정보와 다양한 영상자료, 이벤트를 만나세요!
방학 없는 어른이를 위한 오디오클립 〈역사탐구생활〉
페이스북 facebook.com/21arte　　블로그 arte.kro.kr
인스타그램 instagram.com/21_arte　　홈페이지 arte.book21.com